Von

―――――――――――――――――――

Für

―――――――――――――――――――

Max Lucado

Denn er trägt dich

Hoffnung in
stürmischen Zeiten

Der Verlag weist ausdrücklich darauf hin, dass im Text enthaltene externe Links vom Verlag nur bis zum Zeitpunkt der Buchveröffentlichung eingesehen werden konnten. Auf spätere Veränderungen hat der Verlag keinerlei Einfluss. Eine Haftung des Verlags ist daher ausgeschlossen.

Originally published in the U.S.A. under the title: God Will Carry You Through
Copyright © 2013 by Max Lucado
Published by permission with Thomas Nelson, Nashville, Tennessee.
www.thomasnelson.com
All rights reserved.
© 2015 by Gerth Medien GmbH, Dillerberg 1, 35614 Asslar
Aus dem Englischen von Elke Wiemer und Bettina Hahne-Waldscheck.
Der Verlag weist ausdrücklich darauf hin, dass im Text enthaltene externe Links nur bis zum Zeitpunkt der Buchveröffentlichung eingesehen werden konnten. Auf spätere Veränderungen hat der Verlag keinerlei Einfluss. Eine Haftung des Verlags für externe Links ist stets ausgeschlossen.
Die Bibelzitate wurden den folgenden Übersetzungen entnommen:
Revidierte Elberfelder Bibel, © 1985/1991/2008 SCM R.Brockhaus
im SCM-Verlag GmbH & Co. KG, Witten. (ELB)
Einheitsübersetzung der Heiligen Schrift,
© 1980 Katholische Bibelanstalt, Stuttgart. (EÜ)
Gute Nachricht, © 1997 Deutsche Bibelgesellschaft, Stuttgart. (GN)
Hoffnung für alle®, Copyright © 1983, 1996, 2002 by Biblica Inc.®.
Verwendet mit freundlicher Genehmigung von `fontis – Brunnen Basel.
Alle weiteren Rechte weltweit vorbehalten. (Hfa)
Luther, revidierte Fassung von 1984, durchgesehene Ausgabe in neuer Rechtschreibung.
© 1984 Deutsche Bibelgesellschaft, Stuttgart. (LÜ)
Neue Genfer Übersetzung – Neues Testament und Psalmen,
Copyright © 2011 Genfer Bibelgesellschaft. (NGÜ)
Neues Leben. Die Bibel, © 2002 und 2006 SCM R.Brockhaus
im SCM-Verlag GmbH & Co. KG, Witten (NL)
Schlachter Übersetzung, Copyright © 2000 Genfer Bibelgesellschaft (SÜ)

2. Auflage 2018
Bestell-Nr. 817059
ISBN 978-3-95734-059-7

Textzusammenstellung: Terri Gibbs, Nicole Schol
Umschlaggestaltung und Satz: Hanni Plato
Druck und Verarbeitung: CPI books GmbH, Leck
Printed in Germany

www.gerth.de

Inhalt

Vorwort	6
Gott wird dich hindurchtragen	9
Es gibt eine Sache, der die Schwierigkeiten nichts anhaben können	25
Verzweifle nicht, Gott ist da	39
Wenn du seine Kraft brauchst	55
Prüfungen bereiten uns aufs Leben vor	69
Gott ist immer gegenwärtig	87
Gott kann aus dem Chaos etwas Gutes machen	101
Schönheit in allen Dingen	119
Lobpreis und Dank	133
Wiederherstellung und Heilung	149
Grenzenlose Gnade	163
Jesus kümmert sich um dich	177
Gott zu vertrauen ist das Wichtigste	195
Von der Trauer zur Hoffnung	217
Vertraue darauf, dass Gott alles in der Hand hat	225
Anmerkungen	240

Vorwort

Es ist eines der zentralen Themen der Bibel: wie Gott seinen Kindern zu Hilfe kommt. Wie er Isaak in letzter Minute vor dem sicheren Tod durch die Hand des gehorsamen Abrahams begnadigt; die Kinder Israels aus den Steingruben Ägyptens errettet; Saulus, der zum Paulus wird, von einem Weg voller Hass und Gewalt befreit. Ganz zu schweigen von all den Erlösten, die durch die Gnade des Retters vor dem Verderben bewahrt wurden.

Immer wieder packen uns Geschichten, in denen von der himmlischen Vorsehung die Rede ist oder göttliche Rettungspläne sichtbar werden. Sie helfen uns, darauf zu vertrauen, dass derselbe Gott das Gleiche für uns tun wird. In den alten Geschichten zeigte unser himmlischer Vater seine Macht durch das Teilen des Meeres, durch Wolken, die dem Volk den Weg wiesen, ein blendendes Licht, wundersame Heilungen und Feuer, das nicht verlöschte.

Denselben Gott, der eingeschritten ist und die Geschichte abgewandelt hat, kümmern auch unsere eigenen Kämpfe, Ängste, Tränen und Hoffnungen. Stecken Sie in einer finanziellen Krise, ist Ihre Beziehung festgefahren oder haben Sie gesundheitliche Probleme? Sie werden diese Herausforderungen durchstehen. Es wird nicht leicht sein. Es wird nicht ohne Schmerzen abgehen. Und es wird auch nicht schnell gehen. Aber Gott wird Sie da durchbringen. Vertrauen Sie ihm.

In diesem Buch habe ich Geschichten von Männern und Frauen gesammelt, die Krisen meistern mussten und auf Gottes „Rotes-Meer-Teilungskraft" angewiesen waren. Ich bete, dass diese Berichte Sie ermutigen, wenn Sie selbst schwere Zeiten durchmachen.

Diese Reisenden teilen ihre – wie sie es nennen – „Josef-Momente" mit Ihnen und erzählen, wie Gott sie da hindurchgetragen hat. Er wird dasselbe zu seiner Zeit auch für Sie tun.

Max Lucado

Gott
wird dich
hindurch-
tragen

Sie werden es schaffen.

Sie haben Angst, es nicht zu schaffen. Das geht uns allen so. Wir haben Angst, dass die Depression nie verschwindet, dass das Geschrei nie aufhört, dass der Schmerz nie vergeht. Wir fragen uns: *Werden diese dunklen Wolken je vorüberziehen? Wird diese Last jemals wieder leichter?* Wir haben das Gefühl festzustecken, in der Falle zu sitzen, eingesperrt zu sein. Versager zu sein. Werden wir je wieder aus diesem Loch herauskommen?

> Ja!
> Befreiung ist in der Bibel das, was Jazz in New Orleans ist: unaufhaltsam und allgegenwärtig.
> Daniel wird aus der Löwengrube befreit,
> Petrus aus dem Gefängnis,
> Jona aus dem Bauch des Fisches,
> David aus dem Schatten Goliaths,
> die Jünger aus dem Sturm,
> die Aussätzigen von Lepra,
> Thomas von seinen Zweifeln,
> Lazarus aus dem Grab und
> Paulus von seinen Fesseln.

Gott hilft uns durch Situationen hindurch:
> *durch* das Rote Meer (2. Mose 14,22),
> *durch* die Wüste (5. Mose 29,5),
> *durch* das Tal des Todesschattens (Psalm 23,4)
> und mitten *durch* das Meer (Psalm 77,20).

Durch ist eines von Gottes Lieblingsworten:

*Wenn du durchs Wasser gehst, ich bin bei dir,
und durch Ströme, sie werden dich nicht überfluten.
Wenn du durchs Feuer gehst, wirst du nicht versengt werden,
und die Flamme wird dich nicht verbrennen.*
Jesaja 43,2 (ELB)

Es wird nicht schmerzlos sein.

Haben Sie Ihre letzten Tränen geweint oder die letzte Chemotherapie-Sitzung hinter sich? Vielleicht nicht. Wird Ihre unglückliche Ehe im Handumdrehen wieder glücklich? Wohl kaum.

Verspricht uns Gott, dass wir keine Schwierigkeiten und dafür jede Menge Kraft haben werden? Nicht in diesem Leben. Aber er hat versprochen, Ihren Schmerz zu einem höheren Zweck neu zu weben.

Es wird nicht schnell gehen.

Als seine Brüder ihn verkauften, war Josef siebzehn. Als er sie wiedersah, war er mindestens siebenunddreißig. Und es vergingen weitere zwei Jahre, bis er seinen Vater wiedersah. Manchmal lässt sich Gott Zeit: hundertzwanzig Jahre, um Noah auf die Sintflut vorzubereiten, achtzig Jahre, um Mose auf seine Aufgabe vorzubereiten.

Gott berief David als Jungen zum König, sandte ihn dann aber wieder zu den Schafherden zurück. Er berief Paulus zum Apostel, aber dann war dieser etwa drei Jahre ganz allein in Arabien. Jesus hatte schon drei Jahrzehnte auf der Erde gelebt, ohne je mehr „gebaut" zu haben als einen Küchentisch. Wie lange wird sich Gott wohl mit Ihnen Zeit lassen? Vielleicht länger. Denn er schreibt nicht innerhalb von Minuten, sondern von Generationen Geschichte.

Aber Gott wird aus Ihrem Schlamassel etwas Gutes machen.

Wir sehen nur Satans Kniffe und Intrigen. Gott weiß, Satan ist besiegt und unterlegen.

Ich will es ganz deutlich sagen: *Sie sind eine Bedrohung für Satans Pläne.* Sie tragen etwas von Gott in sich, etwas Edles und Heiliges, etwas, das diese Welt braucht – Weisheit, Güte, Gnade, Begabung. Wenn es Satan gelingt, Sie kaltzustellen, kann er den positiven Einfluss unterdrücken, den Sie sonst haben.

Wo Satan Böses mit uns vorhat, wird Gott, der meisterhafte Weber und große Baumeister, Gutes daraus entstehen lassen.

Josefs Geschichte steht aus einem ganz bestimmten Grund in der Bibel: damit Sie lernen, darauf zu vertrauen, dass Gott das Böse übertrumpfen wird.

Schlechte Tage.
Gott ist da –
an allen Tagen.

Ich blicke hinauf zu den Bergen:
Woher wird mir Hilfe kommen?
Meine Hilfe kommt vom Herrn, der Himmel
und Erde gemacht hat! Und du sollst wissen:
Der Herr lässt nicht zu, dass du zu Fall kommst.
Er gibt immer auf dich Acht.
Psalm 121,1–3 (GN)

So wie Jerusalem
von schützenden Bergen umgeben ist,
so umgibt der Herr sein Volk,
jetzt und für alle Zeit.
Psalm 125,2 (NGÜ)

Ich denke daran, wie sehr du mir geholfen hast;
ich juble vor Freude,
beschützt im Schatten deiner Flügel.
Psalm 63,8 (NL)

Unsere Hilfe kommt vom Herrn,
der Himmel und Erde geschaffen hat;
er ist für uns da!
Psalm 124,8 (GN)

Hoffnung
in stürmischen Zeiten

*Als Josef bei ihnen ankam, zogen sie ihm sein
Obergewand aus, das Prachtgewand, das er anhatte.
Dann packten sie ihn und warfen ihn in die Zisterne.
Die Zisterne war leer; es war kein Wasser darin.
Dann setzten sie sich zum Essen.*

1. Mose 37,23–25 (GN)

Die Zisterne war ausgetrocknet. Spitze Steine und Wurzeln ragten aus den Wänden. Der schlaksige Siebzehnjährige, der nur einen Bartflaum hatte, lag unten auf dem Boden. Seine Arme und Beine waren gefesselt. Er lag zusammengekrümmt und mit angezogenen Knien auf der Seite und hatte kaum Platz. Der Sand unter seinem Gesicht war feucht von seinem Speichel. Seine Augen waren vor Angst weit aufgerissen. Seine Stimme war schon ganz heiser vom Schreien. Seine Brüder hörten ihn sehr wohl. Zweiundzwanzig Jahre später, als ihnen aufgrund einer Hungersnot die Prahlerei vergangen und ihr Stolz unter Schuldgefühlen begraben war, gaben sie zu: „Seine Todesangst ließ uns ungerührt. Er flehte uns um Erbarmen an, aber wir hörten nicht darauf" (1. Mose 42,21; GN).

Josef hatte nichts von dieser Verschwörung geahnt. Er war an diesem Morgen nicht aufgestanden und hatte gedacht: *Ich sollte lieber Schutzkleidung anziehen, denn heute werde ich in ein Loch geworfen.* Der Angriff kam völlig unerwartet.

Genau wie bei Ihnen. Josefs „Loch" kam in Form einer Zisterne. Das „Loch", in dem Sie sitzen, kam vielleicht in Form einer ärztlichen Diagnose, einer Pflegefamilie oder einer schweren Verletzung. Josef wurde in ein Loch geworfen und verachtet. Und Sie? Wurden Sie in die Arbeitslosigkeit geworfen und vergessen? In eine Scheidung geworfen und verlassen? Oder in ein Bett und vergewaltigt? Das Loch, ein trockener Ort voller Entsagung. Es kommt einem so vor, als würde man sterben. Und manche Menschen erholen sich nie davon. Man verfolgt nur noch ein einziges Ziel: wieder rauskommen und nie wieder verletzt werden. Doch das ist nicht so einfach. Diese Löcher haben keinen Notausgang.

Josefs Geschichte wurde noch schlimmer, bevor sie sich zum Guten wendete. Nach dem Verlassensein kamen die Sklaverei, dann eine Falle und das Gefängnis. Er wurde überfallen, verkauft, misshandelt. Andere versprachen ihm etwas und hielten nicht Wort, machten ihm Geschenke und nahmen sie wieder zurück. Wenn man Verletzungen mit einem Sumpf vergleichen wollte, dann wäre Josef zu Schwerstarbeit in den Everglades in Florida verurteilt gewesen.

Aber er gab nie auf. Die Bitterkeit konnte bei ihm nicht Fuß fassen. Die Wut bildete keine Metastasen des Hasses. Sein Herz verhärtete nicht und seine Entschlossenheit ließ nie nach. Er überlebte nicht nur, sondern war sogar erfolgreich. Er stieg auf wie ein Heißluftballon. Ein ägyptischer Hofbeamter machte ihn zum Aufseher über seine Sklaven. Der Gefängniswärter gab ihm die Aufsicht über die Gefangenen. Und der Pharao, damals der mächtigste Herrscher, beförderte Josef zu seinem Premierminister. Am Ende seines Lebens war Josef der zweitmächtigste Mann seiner Zeit. Es ist nicht übertrieben zu sagen, dass er die Welt vor dem Hungertod gerettet hat.

Wie konnte er unter diesen tragischen Umständen erfolgreich sein? Darüber müssen wir nicht spekulieren. Etwa zwanzig Jahre später waren die Rollen nämlich vertauscht. Josef war der Starke und seine Brüder waren schwach. Sie kamen voller Angst zu ihm. Sie fürchteten, er würde es ihnen heimzahlen und sie in seine Grube werfen. Aber das tat Josef nicht. Und seine Erklärung zeigt uns, was ihn dazu trieb.

Ihr hattet Böses mit mir vor, aber Gott hat es zum
Guten gewendet; denn er wollte auf diese Weise
vielen Menschen das Leben retten.
Das war sein Plan, und so ist es geschehen.
1. Mose 50,20 (GN)

In Gottes Hand wird *aus bösen Absichten letztlich etwas Gutes.*

Josef stützte sich auf diese Verheißung und klammerte sich mit ganzer Kraft daran. Seine Geschichte beschönigt das Böse nicht. Ganz im Gegenteil. Überall sind Blutspritzer und Tränen zu sehen. Josefs Herz war wund aufgrund des schrecklichen Verrats und der Fehlurteile. Und trotzdem verwandelte Gott seinen Schmerz immer wieder in etwas Gutes. Aus dem zerrissenen Mantel wurde ein königlicher Mantel. Aus der Grube wurde ein Palast. Und die zerrüttete Familie wurde zusammen alt. Gerade das, was diesen Diener Gottes vernichten sollte, machte ihn stark.

„Ihr *hattet* Böses mit mir *vor*", sagte Josef zu seinen Brüdern und verwendete dabei ein hebräisches Wort, das die gleiche Wurzel hat wie „weben" oder „flechten". „Ihr habt Böses *gewoben*", sagte er damit, „aber Gott hat es zu etwas Gutem umgewoben."

Gott ist der Meisterweber. Er spannt die Fäden und flechtet die Farben dazwischen, raue Fäden und Seidengarn, Schmerz und Freude. Nichts entgeht ihm. Jeder König, Diktator, jede Wetterentwicklung und jedes Molekül untersteht ihm. Er lässt das Weberschiffchen von Generation zu Generation hin- und hergleiten und langsam entsteht ein Muster. Satan webt auch, aber Gott webt neu.

Und Gott ist der Baumeister. Dieser Gedanke verbirgt sich hinter Josefs Worten, als er sagte: „… aber Gott hat es zum Guten *gewendet* … Das war sein Plan …" Der hebräische Begriff, der an dieser Stelle verwendet wird, kommt aus dem Baugewerbe[1] und beschreibt ein Bauvorhaben ähnlich dem, an dem ich jeden Morgen vorbeifahre. Der Staat Texas erneuert eine Autobahnüberführung ganz in der Nähe meines Hauses. Drei Fahrspuren wurden auf eine reduziert, sodass der allmorgendliche Weg zur Arbeit zu einem Geduldsspiel wird. Diese Baustelle gibt es schon seit Menschengedenken. Jeden Tag schweben Kräne über unseren Köpfen. Die Bauarbeiter stehen mit Straßenschildern und Schaufeln da, Millionen Menschen schimpfen. Zumindest ich schimpfe.

Wie lange dauert das denn noch?

Unsere Nachbarn sehen die Sache ganz anders. Beide sind Straßenbauingenieure und beraten das Verkehrsministerium. Sie müssen die gleichen Staus und Umleitungen ertragen wie alle anderen, aber sie haben eine positivere Einstellung dazu. Warum? Sie kennen die Bauvorhaben. „Das braucht seine Zeit", erwidern sie auf mein Murren hin, „aber die Brücke wird fertig werden. Die werden das schaffen." Sie haben die Baupläne gesehen.

Durch Geschichten wie die von Josef lässt Gott uns einen Blick in seine Pläne werfen. Was für ein Wirrwarr! Brüder entledigen sich ihres Bruders. Ansprüche. Hungersnöte und Familienfehden wie Nägel und Zementsäcke auf einem leeren Bauplatz wild verstreut. Satans Plan war einfach und böse: Wenn er Abrahams Familie zerstörte, würde er auch dessen Nachkommen zerstören – Jesus. Es scheint, als habe es die ganze Hölle auf Jakobs Söhne abgesehen.

Aber sehen Sie nur dem großen Baumeister zu. Er räumt den Schutt weg, stabilisiert das Gebäude und verschraubt die Träger, bis aus dem Chaos in 1. Mose 37,24 („… sie … warfen ihn in die Zisterne") der Sieg in 1. Mose 50,20 wird („… vielen Menschen das Leben retten").

Gott ist der Meisterweber und der große Baumeister. Er hat Josefs Geschichte zum Guten gewendet. Glauben Sie nicht, dass er auch Ihre Geschichte zum Guten wenden kann?

Wenn ich mitten durch Gefahren gehen muss,
erhältst du mich am Leben.
Du nimmst mich in Schutz
vor der Wut meiner Feinde,
deine mächtige Hand wird mir helfen.
Psalm 138,7 (GN)

Josef wäre sicher der Erste, der zugibt, dass ein Leben ganz unten echt mies ist. Aber bei all dem Schlechten bewirkt es doch auch etwas Gutes. Es zwingt uns dazu, nach oben zu schauen. Es muss jemand von da oben zu uns herunterkommen und uns helfen. Das hat Gott bei Josef getan. Und zum richtigen Zeitpunkt, auf die richtige Art und Weise wird er es auch bei Ihnen tun.

Charlottes Geschichte

Zu unserem siebzehnten Hochzeitstag schenkte mir mein Mann ein Flugticket nach Michigan, damit ich mit meiner Tante und meiner Cousine eine „Frauen-Shoppingtour" machen konnte. Das hatte ich mir schon seit Jahren gewünscht. Und so flog ich an unserem Jahrestag von Florida nach Michigan.

Mein Mann brachte unsere beiden Töchter (damals 13 und 15 Jahre alt) am Morgen nach meiner Abreise in die Gemeinde und fuhr einkaufen. Er sagte ihnen, dass er am Ende der Veranstaltung wieder da wäre, um sie abzuholen. Ich war gerade mit meiner Cousine, meiner Tante und meinem Onkel unterwegs, als das Handy meines Onkels klingelte. Es war meine Mutter: Mein Mann war gestürzt, ins Krankenhaus eingeliefert worden, und man brauchte jetzt die Erlaubnis für eine Not-OP. Ich rief das Krankenhaus an, erteilte die OP-Erlaubnis und raste zum Flughafen, um so schnell wie möglich nach Hause zu gelangen.

Gott hatte alles in der Hand – ich konnte direkt den nächsten Flug von Michigan nach Florida nehmen. Und ich lief gerade den Gang des Krankenhauses entlang, als der Arzt aus dem OP trat.

Nachdem mein Mann einen Monat auf der Intensivstation verbracht hatte, war klar, dass er sich nicht mehr erholen würde. Wir ließen die lebenserhaltenden Maschinen abstellen und elf Stunden später war er Teil von Gottes himmlischem Chor. Doch meine Töchter und ich spürten seit seinem Sturz unablässig Gottes Gegenwart. Auch unsere Gemeinde hat uns während dieser schweren Zeit enormen Halt gegeben.

Ich bin so dankbar, dass ich sagen kann, dass der Glaube unserer Töchter seit dem Verlust ihres Vaters noch gewachsen ist. Und wir haben alle drei einen College-Abschluss gemacht. Meine ältere Tochter ist heute mit einem tollen Mann verheiratet, der auch Christ ist.

Wenn ich heute jemanden sagen höre: „Gott wird dich da hindurchtragen", dann glaube ich das auch. Er hat mich hindurchgetragen – und trägt mich noch immer durch harte Zeiten hindurch. Die Reise war nicht einfach und schwierige Situationen sind nicht immer leicht zu lösen. Aber Gott ist treu. Und darauf können wir uns jederzeit verlassen.

Du wirst es schaffen ...

Es gibt eine Sache, der die Schwierigkeiten nichts anhaben können

Erinnern Sie sich an Ihre Bestimmung

Wenn wir beide uns bei einer Tasse Kaffee unterhalten würden, dann würde ich mich genau jetzt herüberbeugen und fragen: „Was bleibt Ihnen, das Sie nicht verlieren können?"

Die Probleme können einem vieles rauben. Ich weiß. Aber es gibt eine Sache, der Ihre Schwierigkeiten nichts anhaben können: Ihre Bestimmung. Lassen Sie uns einmal darüber sprechen.

Sie sind ein Kind Gottes.

Er hat Sie gesehen, Sie erwählt und Sie an einen bestimmten Punkt gestellt. „Nicht ihr habt mich erwählt, sondern ich habe euch erwählt" (Johannes 15,16; GN). In allererster Linie sind Sie nicht Metzger, Bäcker, Schreiner, Mann oder Frau, Asiate oder Europäer, sondern Gottes Kind. Nur Ersatzspieler? Wohl kaum. Sie sind seine erste Wahl.

Im Leben ist das nicht immer so. Einmal kam der Bräutigam wenige Minuten vor der Trauung, die ich halten sollte, auf mich zu und meinte: „Sie waren nicht meine erste Wahl."

„Tatsächlich?"

„Nein, der Pastor, den ich haben wollte, hatte keine Zeit."

„Ach so."

„Aber danke, dass Sie eingesprungen sind."

Gott wird niemals so etwas zu Ihnen sagen. Er hat Sie erwählt. Er war nicht dazu verpflichtet, wurde nicht gezwungen oder genötigt, Sie zu wählen. Er hat Sie ausgesucht, weil er es so wollte. Es war seine bewusste, willentliche, freie Entscheidung. Er kam zur Auktionsbühne, wo Sie standen, und verkündete: „Das ist mein Kind." Und er hat Sie erkauft „mit dem kostbaren Blut eines reinen und fehlerlosen Opferlammes, dem Blut von Christus" (1. Petrus 1,19; GN). Sie sind Gottes Kind.

Sie sind für immer sein Kind.

Glauben Sie nicht, was später einmal auf dem Grabstein steht. Sie sind mehr als der Bindestrich zwischen zwei Jahreszahlen. Lassen Sie sich nicht von Ihrem begrenzten Blickwinkel gefangen nehmen. Ihre Probleme bleiben nicht ewig – Sie schon.

Gott wird seinen Garten Eden hervorbringen. Er erschafft ein Paradies, in dem die Adamssöhne und Evastöchter Anteil an seinem Wesen und seiner Liebe haben werden und in Frieden miteinander, mit den Tieren und der Natur leben werden. Wir werden mit ihm über Länder, Städte und Nationen herrschen. „Wenn wir mit ihm geduldig leiden, werden wir auch mit ihm herrschen" (2. Timotheus 2,12; GN).

Glauben Sie daran. Klammern Sie sich daran. Tätowieren Sie es sich ins Herz. Vielleicht haben Sie das Gefühl, dass Ihr ganzes Leben durch diese Katastrophe weggeschwemmt wurde, aber das stimmt nicht. Ihnen bleibt immer noch Ihre Bestimmung.

Mein Vater war gerade in den Ruhestand gegangen. Meine Mutter und er hatten gespart und Pläne geschmiedet. Sie wollten mit ihrem Wohnmobil alle Nationalparks abklappern. Und dann kam die Diagnose: Amyotrophe Lateralsklerose (auch ALS oder Lou-Gehrig-Syndrom genannt), eine grausame, degenerative Erkrankung des motorischen Nervensystems, die die Muskelfunktion beeinträchtigt. Innerhalb weniger Monate konnte er nicht mehr allein essen, sich anziehen oder waschen. Das Leben, wie er es bis zu diesem Zeitpunkt gelebt hatte, existierte nicht länger.

Damals bereiteten meine Frau Denalyn und ich uns auf einen Missionseinsatz in Brasilien vor. Als wir von der Krankheit erfuhren, wollte ich meine Pläne ändern. Wie konnte ich ins Ausland gehen, wenn er bald sterben würde? Vater antwortete umgehend und sehr bestimmt. Er war kein Freund von langen Briefen, aber dieser war vier Seiten lang und enthielt folgende Anweisung:

Was meine Krankheit und deinen Umzug nach Rio betrifft, fällt mir die Antwort nicht schwer: Geh! ... Ich habe keine Angst vor dem Tod oder der Ewigkeit ... also mach dir um mich keine Sorgen. Geh einfach. Tu, was Gott will.

Mein Vater hatte viel verloren: seine Gesundheit, seinen Ruhestand, Jahre mit seinen Kindern und Enkeln, Jahre mit seiner Frau. Es war ein herber Verlust, aber er hatte nicht alles verloren.

Einige Jahre nach dem Tod meines Vaters erhielt ich einen Brief von einer Frau, die sich an ihn erinnerte. Ginger war erst sechs gewesen, als sie mit ihrer Kindergottesdienstgruppe Grußkarten für kranke Gemeindemitglieder gebastelt hatte. Sie hatte aus leuchtend lila Tonpapier eine Karte angefertigt und diese rundherum mit Aufklebern verziert. Auf die Innenseite hatte sie damals geschrieben: „Ich hab dich lieb, aber Gott hat dich noch viel mehr lieb." Ihre Mutter hatte einen Kuchen gebacken und die beiden hatten ihre Grüße überbracht.

Vater war bereits bettlägerig gewesen. Es ging schon dem Ende zu. Sein Unterkiefer hing oft herunter, sodass sein Mund offen stand. Er konnte die Hand ausstrecken, aber durch die Krankheit war sie klauenförmig verkrümmt.

Aus irgendeinem Grund war Ginger einen Moment allein mit ihm gewesen und hatte ihm eine dieser Fragen gestellt, die nur ein sechsjähriges Kind stellen kann: „Wirst du sterben?"

Er berührte ihre Hand und forderte sie auf, näher zu kommen. „Ja, ich werde sterben. Aber ich weiß nicht, wann."

Sie fragte ihn, ob er Angst hatte wegzugehen. „Weggehen heißt, dass ich in den Himmel komme", erklärte er ihr. „Dann werde ich bei meinem Vater im Himmel sein. Ich bin bereit, ihn von Angesicht zu Angesicht zu sehen."

In diesem Moment kamen meine Mutter und die von Ginger zurück.

Ginger erinnerte sich noch:

Meine Mutter tröstete Ihre Eltern mit einem vorgetäuschten Lächeln. Aber ich habe ihn mit einem breiten, echten Lächeln angesehen und er hat zurückgelächelt und mir zugezwinkert.

Der Grund, weshalb ich Ihnen all das erzähle, ist, dass wir mit unserer Familie nach Kenia reisen werden. Wir wollen einem Stamm, der an der Küste lebt, von Jesus erzählen. Ich habe große Angst um meine Kinder, weil ich weiß, dass uns dort Entbehrungen und Krankheiten erwarten. Um mich selbst habe ich keine Angst, denn das Schlimmste, was mir passieren kann, ist, dass ich „meinen Vater im Himmel von Angesicht zu Angesicht sehen werde".

Ihr Vater hat mir beigebracht, dass das Leben hier nur ein Übergang ist und der Tod nur unsere Neugeburt.

Ein Mann, der dem Tod nahe war, zwinkerte, wenn er daran dachte. Alles verloren? Es schien nur so. In Wirklichkeit hatte Vater immer noch das, was ihm niemand nehmen konnte. Und letzten Endes war das alles, was er wirklich brauchte.

*Wenn der Glaube an Christus
uns nur für dieses Leben Hoffnung gibt,
sind wir die bedauernswertesten unter allen Menschen.*
1. Korinther 15,19 (Hfa)

*Wenn dieses irdische Zelt, in dem wir leben,
einmal abgerissen wird – wenn wir sterben und diesen
Körper verlassen –, werden wir ein ewiges Haus
im Himmel haben, einen neuen Körper,
der von Gott kommt und nicht von Menschen.*
2. Korinther 5,1 (NL)

*Wenn wir mit ihm geduldig leiden,
werden wir auch mit ihm herrschen.*
2. Timotheus 2,12 (GN)

*Gelobt sei Gott, der Vater unseres Herrn Jesus Christus!
In seinem grenzenlosen Erbarmen hat er uns neues Leben
geschenkt. Weil Jesus Christus von den Toten auferstanden
ist, haben wir die Hoffnung auf ein neues, ewiges Leben.
Es ist die Hoffnung auf ein ewiges, von keiner Sünde
beschmutztes und unzerstörbares Erbe, das Gott
im Himmel für euch bereithält. Bis dahin wird euch Gott
durch seine Kraft bewahren, weil ihr ihm vertraut.
Aber dann, am Ende der Zeit, werdet ihr selbst sehen,
wie herrlich das unvergängliche Leben ist,
das Gott schon jetzt für euch bereithält.*
1. Petrus 1,3–5 (Hfa)

Cindys Geschichte

*Unauslöschlich habe ich deinen Namen
auf meine Handflächen geschrieben.*
Jesaja 49,16

Kürzlich meinte jemand: Wenn man die Narben, die Jesus an seinen Händen und Füßen trägt, aus der Nähe betrachtet, dann erkennt man darin seinen eigenen Namen. Narben sind Zeichen einer früheren Verletzung. Sie bezeichnen eine Stelle, an der Schmerzen durchgestanden wurden und Blut geflossen ist. Narben können auch bedeuten, dass einem etwas widerfahren ist, das den Tod hätte bedeuten können – aber man hat es überlebt. In so einem Fall ist das Mal eine ständige Erinnerung an die zweite Chance, die einem gegeben wurde.

Als mein Vater mir eröffnete, dass er Hautkrebs hatte, wurde mir ganz mulmig. Da ich selbst Krankenschwester bin, wusste ich, dass die Prognose nicht gut aussah und dass Zeit eine große Rolle spielte. Aber wir dienen dem Einen, der alle Zeit in seinen Händen hält. Mein Vater hatte zwar schon einen Termin für die OP, aber dieser Termin sollte erst in vier Wochen sein.

Ich bin mir heute noch sicher, dass es Gottes Heiliger Geist war, der mich innerlich dazu drängte, im Krankenhaus nachzuhaken, ob mein Vater nicht einen früheren Termin bekommen könnte – falls jemand anders absagte.

Und das war auch das erste Mal, dass ich mit meinen Eltern laut am Telefon betete.

Gott beantwortete nicht nur unser Gebet, sondern überbrachte mir auch eine persönliche Liebesbotschaft, indem er den OP-Termin auf meinen Geburtstag vorverlegte.

Während wir auf die Computertomografie und die Kernspin- und Ultraschall-Untersuchungen warteten – die nur unsichere Diagnosen lieferten –, suchte ich im Internet nach medizinischen Studien über Melanome. Wenn ich auch nur eine Fallstudie finden würde, die der meines Vaters ähnelte und gut ausging, würde mich das trösten. Doch ich fand keine.

Doch Gott ließ mich nicht allein. Er führte mich zu Jesaja 49, Vers 23: „Ich enttäusche keinen, der mir sein Vertrauen schenkt." Es war, als ob er mir die Frage stellte: „Hoffst du, Trost im Internet zu finden, oder erlaubst du mir, dich zu trösten?" Es fiel mir unglaublich schwer, ihm zu vertrauen, denn ich fragte mich, ob ich am Ende enttäuscht werden würde.

Jemand hatte „Glaube" mal definiert als „vertrauensvoller Gehorsam auf Gottes Wort – trotz aller Umstände und Folgen". Als ich mich daran erinnerte, beschloss ich, Gott einfach zu vertrauen. Ich würde meine Hoffnung auf ihn setzen – auf ihn allein!

Am Montag, den 21. März 2011, wurden wir telefonisch darüber in Kenntnis gesetzt, dass der Krebs sich nicht auf die Lymphknoten ausgebreitet hatte! Dank sei dem, der die Zukunft in seinen Händen hält!

Jetzt begann die Phase der Heilung, aber oft schien es nur langsam vorwärtszugehen – doch mein Vater erholte sich!

Wenn ich diese Worte niederschreibe, ist ein Jahr seit dieser Erfahrung vergangen. Mein Vater wird tatsächlich für den Rest seines Lebens eine Narbe davontragen. Sie wird ihn immer daran erinnern, dass er sein Leben hätte verlieren können, dass es ihm aber geschenkt wurde. Und wenn man die Narbe aus der Nähe betrachtet, erkennt man darin Jesu Namen.

Gott umgibt uns
wie das Meer
einen Stein am
Grund umgibt.
Er ist überall:
oben, unten und
ringsherum.

Gott hat einen Plan

Seine Brüder … verkauften ihn für zwanzig Silberstücke an die Ismaeliten, die ihn mit hinunter nach Ägypten nahmen.
1. Mose 37,28 (The Message)

Noch vor wenigen Stunden war es in Josefs Leben bergauf gegangen. Er hatte einen neuen Mantel bekommen und war zu Hause verwöhnt worden. Er hatte geträumt, seine Brüder und seine Eltern würden zu ihm aufschauen. Aber wo es bergauf geht, geht es irgendwann auch wieder bergab, und in Josefs Leben ging es jetzt steil bergab. Von seinen Geschwistern gedemütigt. In einen trockenen Brunnen geworfen. Von seinen Brüdern in die Sklaverei verkauft. Schließlich nach Ägypten hinuntergebracht.

Es ging nur noch bergab. Sein guter Name, sein Status und sein Stand wurden ihm genommen. Alles, was er hatte, und alles, was er je glaubte, haben zu können, war weg. Verschwunden. In Luft aufgelöst. Einfach so.

So wie bei Ihnen? Haben Sie den Kopf hängen lassen? Haben Sie sich unterkriegen lassen? Sind Sie in der Hackordnung ganz unten gelandet? Sind Sie bei anderen unten durch? Unten … noch tiefer … ganz unten in Ägypten?

Das Leben zieht uns runter.

Josef kam in Ägypten an und hatte nichts. Er hatte keinen Cent mehr und sein Leben war keinen Cent mehr wert. Seine Herkunft war hier bedeutungslos, sein Beruf verachtet.² Das glatt rasierte Volk der Pyramidenbauer machte einen Bogen um die haarigen Wüstenbeduinen.

Kein Empfehlungsschreiben, kein Beruf, keine Familie. Er hatte alles verloren, bis auf eines: seine Bestimmung.

Jene seltsamen Träume hatten Josef gezeigt, dass Gott etwas mit ihm vorhatte. Natürlich wusste er nichts Näheres. Josef hatte keine Ahnung, wie seine Zukunft genau aussehen würde. Aber die Träume hatten ihm eines gezeigt: Er würde eine wichtige Stellung in seiner Familie einnehmen. Josef klammerte sich an seine Träume wie an einen Rettungsring.

Wie sonst ließe sich erklären, dass er alle Widrigkeiten überstand? In der Bibel steht nichts von einer besonderen Ausbildung, großem Wissen oder überragenden Gaben und Fähigkeiten. Trotzdem macht der Verfasser eine Titelgeschichte aus Josefs Schicksal.

Der junge Hebräer verlor Familie, Würde und Heimat, aber er verlor nie den Glauben an den Gott, der an ihn glaubte. Als er sich so durch die Wüste in Richtung Ägypten schleppte, beschloss er: Das ist nicht das Ende. Gott hat einen Traum für mein Leben. Während er die schweren Ketten der Sklaventreiber trug, dachte er: Ich bin zu mehr berufen als hierzu. Als er in eine Stadt voller fremder Laute und glatt rasierter Gesichter kam, erinnerte er sich: Gott hat noch etwas mit mir vor.

Gott hatte eine Bestimmung für Josef und daran glaubte der Junge.

*Verzweifle nicht,
Gott ist da*

Wenn alles zerbricht

Melanie Jasper sagt, ihr Sohn Cooper sei schon mit einem Lächeln auf die Welt gekommen. Das Grübchen verschwand nie aus seinem Gesicht. Er eroberte alle Herzen im Sturm: das seiner drei älteren Schwestern, das seiner Eltern, seiner Großeltern, seiner Erzieher im Kindergarten und seiner Freunde. Er lachte und liebte. Sein Vater JJ, der zugibt, voreingenommen zu sein, sagt, er sei das nahezu perfekte Kind.

Und Cooper wurde in die perfekte Familie hineingeboren. JJ und Melanie waren fröhliche, gottesfürchtige Christusnachfolger, lebten auf einer Farm und liebten ihre vier Kinder von ganzem Herzen. JJ genoss jeden Augenblick, den er mit seinem einzigen Sohn verbringen konnte. Deshalb fuhren sie auch am 17. Juli 2009 mit einem Strandbuggy. Sie wollten eigentlich zusammen den Rasen mähen, aber der Rasenmäher brauchte eine neue Zündkerze. Während Melanie in die Stadt fuhr, um eine zu besorgen, nutzten JJ und der fünfjährige Cooper die Gelegenheit zu einer kleinen Spritztour. Sie waren schon tausendmal mit dem Buggy den Feldweg entlanggesaust. Das war nichts Neues. Neu war aber der Überschlag. JJ fuhr mit dem angeschnallten Cooper neben sich auf der ebenen Strecke einen engen Kreis und der Buggy überschlug sich.

Anschließend reagierte Cooper nicht. JJ wählte erst den Notruf und dann Melanies Nummer. „Wir hatten einen

Unfall", erzählte er ihr. „Ich glaube, Cooper hat es nicht überlebt." Die nächsten Stunden waren der schlimmste Albtraum für alle Eltern: Rettungswagen, Notaufnahme, Tränen und der Schock. Und dann schließlich die Nachricht: Cooper war aus diesem Leben in den Himmel übergegangen.

JJ und Melanie standen vor einer unfassbaren Aufgabe: Sie mussten einen Sarg aussuchen, die Beerdigung planen und sich dabei an den Gedanken gewöhnen, ihr Leben von nun an ohne ihren einzigen Sohn zu leben. In den folgenden Tagen begann ein nervtötender Rhythmus: Jeden Morgen lagen sie sich nach dem Aufwachen heftig schluchzend in den Armen. Wenn sie dann den Mut gefasst hatten aufzustehen, gingen sie nach unten, wo Familie und Freunde sie erwarteten. Sie kämpften sich durch den Tag, bis sie abends ins Bett gingen, sich in den Armen lagen und sich gemeinsam in den Schlaf weinten.

JJ meinte zu mir: „Kein Buch auf der Welt kann dich darauf vorbereiten, wie es ist, wenn dein fünfjähriger Sohn in deinen Armen stirbt … Wir wissen jetzt, wie es ganz tief unten ist."

Ganz tief unten. Den größten Teil unseres Lebens verbringen wir irgendwo auf halber Höhe. Hin und wieder haben wir ein Gipfelerlebnis: unsere Hochzeit, eine Beförderung, die Geburt eines Kindes. Aber die meiste Zeit unseres Lebens spielt sich mittendrin ab. Mit Alltagsverpflichtungen wie die Kinder zur Schule zu bringen, wie Umsatzzahlen und Kochrezepten.

Aber hin und wieder landen wir ganz unten. Der Strandbuggy überschlägt sich, der Immobilienmarkt bricht zusammen, das Untersuchungsergebnis ist positiv, und noch bevor wir so richtig merken, was los ist, erleben wir, wie es ganz unten aussieht.

Auch heute sitzt JJs Schmerz noch tief, aber sein Glaube reicht noch tiefer. Jedes Mal, wenn er von Coopers Tod erzählt, sagt er: „Wir wissen, wie es ganz tief unten ist, aber wir wissen auch, wer dort auf uns wartet: Jesus."

Gott flüstert
in unseren Freuden,
er spricht in
unserem Gewissen;
in unseren Schmerzen
aber ruft er laut.
Sie sind sein Megafon,
eine taube Welt
aufzuwecken.

C. S. Lewis

Clays Geschichte

Da ich schon mein ganzes Leben lang an Typ-1-Diabetes litt, wusste ich, was auf mich zukam. Ich hatte mitangesehen, wie meine Mutter mit 48 Jahren an Nierenversagen gestorben war, und jetzt war ich 49. Seit Jahren schon wurde meine Nierenfunktion immer geringer, mittlerweile war ich bei nur noch 40 Prozent. Ich hatte nur noch einen Wunsch: Ich wollte miterleben, wie mein einziges Kind seinen Schulabschluss machte.

Aber Gott hatte andere Pläne.

Zwei Tage vor dem großen Tag erlitt ich einen Herzinfarkt – und das, obwohl ich vorher keinerlei Anzeichen gespürt hatte! Eigentlich war ich körperlich fit: Ich machte fünf- oder sechsmal die Woche Sport, mein Gewicht war im grünen Bereich und mein Cholesterinspiegel niedrig. Die Ärzte erklärten mir jedoch, dass die jahrelange Diabetes eine Arteriosklerose begünstigt hätte. So stand mir also auf einmal eine Bypass-OP bevor. All die Dinge, von denen man meint, sie seien so wichtig – Arbeit, Haus, Schulabschlusspartys und Ähnliches –, rücken auf einmal in den Hintergrund, wenn man darüber nachdenkt, dass einem der Brustkorb aufgeschnitten wird!

Meine Frau und ich vergossen so manche Träne, als wir uns auf das Schlimmste vorbereiteten und für das Beste beteten. Ich überlebte und der Genesungsprozess konnte beginnen. Das Färbemittel, das man benutzt hatte, um die

Arterien sichtbar zu machen, die das Herz mit Blut versorgen, hatte jedoch eine Nebenwirkung: Es ließ meine Nierenfunktion auf nur noch 20 Prozent sinken. Nach ein paar Tagen war klar, dass sich die Nieren sogar noch weiter verschlechtern würden: Ich brauchte eine Nierentransplantation.

Während meine Frau im Krankenhaus darauf wartete, sich als mögliche Spenderin testen zu lassen – und betete –, trat auf einmal Paul, der Vater von einem Freund meines Sohnes, auf sie zu. Er legte ihr seine Hand auf die Schulter und sagte, dass er sich ebenfalls testen lassen wolle. Ich hatte Paul bisher nur wenige Male getroffen. Es stellte sich heraus, dass er ein Mitglied der *Journey Fellowship* war, einer Gemeinde, die wir einige Male besucht hatten (heute sind wir Mitglieder!).

Und durch Gottes Gnade war er genau der passende Nierenspender für mich.

Während die Wochen vergingen, wurde mein Körper schwächer, aber mein Geist stärker. Ich konnte spüren, dass ich in Gottes Hand war. So viele Menschen beteten für mich! Ich musste zehn medizinische Prozeduren über mich ergehen lassen, darunter vier Operationen in sechs Monaten – und dazu noch die Dialyse. Der Höhepunkt kam dann am 15. Dezember 2010, als Paul und ich im Krankenhaus in zwei Betten nebeneinander lagen und auf die Transplantation warteten. Alles ging gut, und heute sind unsere Familien – wie man sich denken kann – sehr gut miteinander befreundet.

2010 war ein Jahr der enormen körperlichen Schmerzen und des emotionalen Ausnahmezustandes. Doch auch wenn das merkwürdig klingt: Ich würde es gegen nichts eintauschen wollen. Gott hat mich in all den Kämpfen näher zu sich gezogen, als ich es je zuvor erlebt hatte. Auch wenn ich in der Kirche groß geworden bin und auch wenn sich mein Glaube über die Jahre immer weiter vertieft hat: Ich sehe heute mein Leben aus einer ganz anderen Perspektive. Jeden Tag sehe ich so viele kleine Dinge, für die ich dankbar sein darf, und mir fällt auch auf, wie Gott mir seine Liebe immer wieder in allen möglichen Dingen zeigt.

Du kannst nirgendwo hingehen, wo Gott nicht ist.

Wohin soll ich gehen vor deinem Geist,
und wohin soll ich fliehen vor deinem Angesicht? …
Nähme ich Flügel der Morgenröte
und bliebe am äußersten Meer,
so würde auch dort deine Hand mich führen
und deine Rechte mich halten.

Psalm 139,7.9–10 (LÜ)

Seid mutig und stark! Habt keine Angst,
und lasst euch nicht von ihnen einschüchtern!
Der Herr, euer Gott, geht mit euch.
Er hält immer zu euch und lässt euch nicht im Stich!

5. Mose 31,6 (Hfa)

Er ist ja jedem von uns ganz nahe.

Apostelgeschichte 17,27 (GN)

Der Herr, dein Gott, ist in deiner Mitte,
ein Held, der Rettung bringt.
Er freut sich und jubelt über dich,
er erneuert seine Liebe zu dir,
er jubelt über dich und frohlockt,
wie man frohlockt an einem Festtag.

Zefanja 3,17 (EÜ)

Gott ist da

*Die Ismaeliter hatten Josef nach Ägypten gebracht.
Sie verkauften ihn an den Ägypter Potifar,
den Hofbeamten des Pharaos und Oberbefehlshaber
der königlichen Leibwache.*
1. Mose 39,1 (Hfa)

Die Versteigerung begann und zum zweiten Mal in seinem jungen Leben wurde Josef verkauft. Jakobs Lieblingssohn wurde geschubst und gepikt, auf Flöhe untersucht und wie ein Stück Vieh hin und her geschoben. Potifar, ein ägyptischer Hofbeamter, kaufte ihn schließlich. Josef sprach weder die Sprache noch war er mit der Kultur vertraut. Das Essen schmeckte seltsam, die Arbeit war zermürbend und seine Chancen standen schlecht.

Also machen wir uns beim Umblättern auf das Schlimmste gefasst. Im nächsten Kapitel seiner Lebensgeschichte wird es wohl darum gehen, wie Josef in die Drogenabhängigkeit abrutscht und sich zu einem wütenden oder verzweifelten Mensch entwickelt, oder? Falsch.

„Der Herr half Josef: Ihm glückte alles, was er unternahm. Er durfte im Haus arbeiten" (1. Mose 39,2; Hfa). Als Josef nach Ägypten kam, hatte er nur noch die Kleider auf seinem Leib und den Ruf Gottes in seinem Herzen. Aber innerhalb von nur vier Versen stand er dem gesamten

Haushalt des Mannes vor, der wiederum der Leibgarde des Pharao vorstand. Wie lässt sich diese Entwicklung erklären? Ganz einfach: Gott half Josef.

Der Herr half Josef: Ihm glückte alles, was er unternahm (Vers 2; Hfa).

Potifar sah, dass der Herr ihm Erfolg schenkte (Vers 3; Hfa).

Seit er ihm sein Haus und alles, was ihm gehörte, anvertraut hatte, segnete der Herr das Haus des Ägypters um Josefs willen (Vers 5; EÜ).

Der Segen des Herrn ruhte auf allem, was ihm gehörte (Vers 5; EÜ).

Josefs Lebensgeschichte entwickelt sich hier in eine andere Richtung als alle Selbsthilfebücher und Das-Geheimnis-des-Erfolgs-Ratgeber, die uns vorschlagen, uns auf unsere innere Stärke zu verlassen („geh in dich"). Seine Geschichte verweist uns auf etwas anderes („sieh nach oben"). Er war erfolgreich, weil Gott bei ihm war. Gott war für Josef wie eine Decke für ein Baby – rund um ihn herum.

Meinen Sie nicht, er könnte das auch für Sie sein? Sie sitzen in Ihrem ganz eigenen Ägypten. Es fühlt sich fremd an. Sie sprechen die Sprache nicht. Sie haben sich noch nie mit dem Wortschatz befasst, der in einer Lebenskrise gefragt ist. Sie haben das Gefühl, weit weg von zu Hause zu sein, ganz allein. Kein Geld mehr. Alle Erwartungen zunichtegemacht. Die Freunde verschwunden. Wer bleibt noch? Gott.

Wenn Josefs Geschichte ein Beispiel für uns ist, dann weil sie beweist, dass Gott Ihnen durch Ihr persönliches Ägypten zeigen kann, dass er immer bei Ihnen ist. Vielleicht ist Ihre Familie nicht mehr da. Vielleicht haben Sie keine Unterstützung mehr. Vielleicht ist Ihr Seelsorger verstummt. Aber Gott rührt sich nicht vom Fleck. Sein Versprechen steht nach wie vor: „Ich werde dir beistehen. Ich beschütze dich, wo du auch hingehst" (1. Mose 28,15; GN).

Sie werden nirgendwo hingehen, wo Gott nicht ist.

Stellen Sie sich einmal die nächsten paar Stunden Ihres Lebens vor. Wo werden Sie sein? In der Schule? Gott ist im Klassenzimmer. Auf der Autobahn? Er ist auch im Straßenverkehr gegenwärtig. Im Krankenhaus-OP, einer Vorstandssitzung, dem Wohnzimmer Ihrer Schwiegereltern, der Aussegnungshalle auf dem Friedhof? Gott wird dort sein. „Denn er ist ja jedem von uns ganz nahe" (Apostelgeschichte 17,27; GN).

Setze Gottes Gegenwart
nicht mit guter Laune
oder einer angenehmen
Stimmung gleich.
Gott ist bei dir,
ganz egal,
ob du fröhlich bist
oder nicht.

Wenn du seine Kraft brauchst

Shelleys Geschichte

Das Leben ist schon seltsam! Jedes Mal, wenn ich meine, dass ich Gottes Allmacht so langsam verstehe, auch wenn diese Welt noch so sehr von Schmerz und Leid erfüllt ist, wenn ich beginne, Gott trotz allem von mir erlebten Kummers zu vertrauen – Kummer, den er zugelassen hat –, dann werde ich doch zu oft vom Widersacher auf die Probe gestellt. Geht es Ihnen auch so? Wenn ich regelmäßig in der Bibel lese, täglich bete und so gut ich kann mit Gott lebe – wenn ich mich eben gemütlich in meinem Glaubensleben eingerichtet habe –, dann macht sich doch der brüllende Löwe bemerkbar, der um uns herumschleicht.

Als alleinerziehende Witwe mit drei Teenagern musste ich eine Ganztagsstelle annehmen, um noch mal die gleiche Summe zu verdienen, wie ich für die Kinder vom Amt erhielt – und es war immer noch knapp. Ich war ständig auf der Suche nach Möglichkeiten, um die Lücke zu füllen, die der fehlende Vater hinterlassen hatte, musste dazu noch Mitfahrgelegenheiten und die Nachhilfe für die Kinder organisieren und mit den gelegentlich auftretenden finanziellen Engpässen jonglieren. Wir kamen aber ganz gut zurecht. Ich zahlte meine Rechnungen pünktlich und war damit zufrieden, dass Männer lediglich Freunde waren. Ich wollte nicht zulassen, dass ich mich aufgrund meiner Unsicherheiten in eine Beziehung stürzte.

2001 war ich in meinem Traumjob tätig, als die Kündigung in Form einer SMS auf meinem Handy eintraf. Ich war wie betäubt!

Nur ein paar Tage zuvor hatte ich einen großen Kredit aufgenommen, um damit die offenen Rechnungen auf meinen Kreditkarten zu zahlen und die Karten dann endgültig abzuschaffen! Die Tränen rannen mir über das Gesicht, und ich überlegte krampfhaft, was ich tun sollte.

Dazu kam einige Tage später noch der Schock des 11. September 2001. Rumms! Ich war arbeitslos, versuchte, den unfassbaren Terroranschlag zu verarbeiten, meine Tochter musste sich einer Operation unterziehen, und mein Teenagersohn wuchs aus seinen Klamotten heraus. Ich glaube, da war es dann auch nicht weiter verwunderlich, dass mein Glaube einen Schlag erlitt. Unser Familienmotto lautete immer: „Wir haben etwas zu essen auf dem Tisch und ein Dach über dem Kopf!" (Das war meine Art, die Kinder zu ermutigen und Gottes Fürsorge anzuerkennen.) Und so wiederholte ich auch jetzt die Versprechen Gottes, während ich ihn auf Knien ängstlich und überwältigt um seine Gnade und Führung bat.

Es ist schon lustig, wie Gott im Hintergrund am Werk ist, während unsere überlebensgroßen Probleme sich im Vordergrund vor uns auftürmen.

Ich rief meinen Noch-Chef an, erzählte ihm von der bevorstehenden Operation und erkundigte mich nach meiner Krankenversicherung. Er bot an, diese für drei weitere Monate zu zahlen – so war wenigstens die Operation noch abgedeckt!

Während ich mit der Arbeitslosigkeit kämpfte, bat ich Gott um seine Hilfe und darum, mir zu zeigen, was ich als Nächstes tun sollte. Eine Freundin schlug vor, dass ich noch mal auf die Uni gehen und mich so weiterbilden sollte – in irgendeine Richtung, die mir weitere Unabhängigkeit und Flexibilität versprach. Dieselbe Freundin schlug auch vor, dass ich mich um ein Praktikum bemühen sollte, um wenigstens etwas Geld zu verdienen, und sie bot an, mir bei auftretenden finanziellen Engpässen zur Seite zu stehen.

Und es war ein echtes Wunder: Semester für Semester fand ich Stipendien oder Ähnliches, die mir halfen, die Ausbildungskosten zu tragen, und ich machte meinen Abschluss als eine der Besten.

Einige Familien spendeten Kleidung für meinen Sohn, andere sandten regelmäßig Geld für Schuhe. Hauskreise halfen finanziell aus, wenn die täglichen Bedürfnisse mein Budget überstiegen. Wenn ich jetzt über das Jahr der Arbeitslosigkeit und die darauffolgenden herausfordernden Jahre nachdenke, dann muss ich sagen: Gott hat jede einzelne meiner Bitten erhört.

Gott hat uns versprochen: „Bittet und es wird euch gegeben!" Und Gott hält das Versprechen ein. Er ist treu, und ich bin so stolz, dass ich das erleben darf – durch alle Herausforderungen hindurch!

Öffne jede Pore
deiner Seele
für Gottes
Gegenwart.

Um eins möchte ich euch noch bitten, liebe Brüder und Schwestern. Wir haben euch bereits gesagt, wie ihr leben sollt, damit Gott Freude an euch hat. Wir wissen auch, dass ihr unseren Anweisungen folgt. Doch nun bitten wir euch eindringlich im Namen unseres Herrn Jesus: Gebt euch mit dem Erreichten nicht zufrieden, sondern macht noch mehr Fortschritte! Ihr kennt ja die Gebote, die wir euch in seinem Auftrag gegeben haben.

1. Thessalonicher 4,1–2 (Hfa)

Eheprobleme lassen sich nicht durch eine Affäre lösen, ein Drogenproblem nicht durch noch mehr Drogen und Schulden nicht mit noch mehr Schulden. Man kann eine Dummheit nicht durch eine andere wiedergutmachen. Man kommt nicht aus dem Schlamassel heraus, indem man noch mehr Schlamassel veranstaltet. Tun Sie, was Gott gefällt. Sie können nichts falsch machen, wenn Sie das Richtige tun.

Tun Sie, was richtig ist

Josef erlangte Einfluss. Er verfügte über Geld und Leute. Die Händler mussten sich bei ihm melden und andere wurden auf ihn aufmerksam. Vor allem Frauen. „Josef war ein ausnehmend schöner Mann" (1. Mose 39,6; GN). Eine Hollywood-Schönheit – kräftiger Kiefer, lockige Haare und ein Bizeps, der jedes Mal hervortrat, wenn er Frau Potifars Tablett trug. Was ziemlich oft vorkam. Und sie genoss seinen Anblick! „So kam es, dass Potifars Frau ein Auge auf ihn warf. Eines Tages forderte sie ihn auf: ‚Komm mit mir ins Bett!'" (Vers 7).

Die Dame des Hauses spielte mit dem hebräischen Sklaven. „Tag für Tag" (Vers 10) flirtete sie mit ihm. Er hatte jede Menge Möglichkeiten, es sich zu überlegen. Und mehr als genug Gründe, das Angebot anzunehmen.

War sie nicht die Frau seines Herrn? Und war er nicht verpflichtet, den Wünschen seiner Herrin nachzukommen, auch wenn einer dieser Wünsche heimlicher Sex war?

Der einflussreiche Potifar hatte einen guten Geschmack, was Frauen anging. Seine Frau war höchstwahrscheinlich ein echter Hingucker. Josef hatte zwar seinen schönen Mantel eingebüßt, aber nicht seine männlichen Triebe. Warum nicht ein paar Augenblicke in den Armen einer willigen Geliebten? Ein bisschen Entspannung hätte Josef gutgetan.

Hatte er das nicht verdient? Er lebte ein einsames Leben: von seiner Familie verstoßen, zweimal verkauft wie ein Stück Vieh, fern von daheim, weit weg von seinen Freunden. Und dann der stressige Job, Potifars Haushalt zu managen. Die Terrassengärten und die vielen Sklaven zu beaufsichtigen. Bei öffentlichen Anlässen das Protokoll genauestens zu beachten. Josefs Aufgabe war ermüdend. Er hätte zweifellos „gute" Gründe für seine Entscheidung finden können.

Kann ich einmal ganz offen sein? Ägypten kann ein echtes Dreckloch sein. Dem würde niemand widersprechen. Aber Ägypten kann auch die Brutstätte für hirnlose Entscheidungen sein. Machen Sie nicht alles noch schlimmer, indem Sie etwas tun, das Sie später bereuen.

Bei Josef läuteten die Alarmglocken. Als Frau Potifar ihren Köder auswarf, „wies [er] sie ab" (Vers 8). Er schenkte der Verführerin weder Zeit noch Aufmerksamkeit, plauderte nicht mit ihr und machte ihr keine Hoffnungen. „… er aber hörte nicht darauf und ließ sich nicht von ihr verführen" (Vers 10; Hfa). Wenn er ihre Nummer auf dem Display seines Handys sah, ging er nicht dran. Wenn sie ihm eine SMS schickte, antwortete er nicht. Wenn sie in sein Büro kam, verließ er den Raum. Er mied sie wie die Pest.

„Mein Herr hat mir seinen ganzen Besitz anvertraut" (Vers 8), erklärte er ihr. Mit ihr ins Bett zu gehen hieße, sich gegen seinen Herrn zu versündigen. Er legte eine selten gewordene Entschlossenheit an den Tag. In unserer Gesellschaft, die Worte geprägt hat wie „sexuelle Freiheit" und „sexuelle Selbstbestimmung", vergessen wir oft, dass sexuelle Fehltritte auch das Leben der Menschen außerhalb unseres Schlafzimmers zerstören.

Taten haben Konsequenzen. Josef stellte seine Treue über sein Verlangen. Er ehrte seinen Herrn.

Und seinen HERRN. Josefs größte Sorge galt dem Willen Gottes. „Wie könnte ich da ein so großes Unrecht begehen und mich gegen Gott versündigen?" (1. Mose 39,9; GN).

Die Lektion, die Josef uns hier lehrt, ist ganz einfach: Tu, was Gott gefällt. Ihre Kollegen planen einen Abstecher in ein Striplokal. Was machen Sie? Das, was Gott gefällt. Dein Freund oder deine Freundin möchte dich abends auf einen letzten Kaffee „mit nach oben" nehmen. Was solltest du antworten? Tu, was Gott gefällt. Ihre Freunde halten Ihnen einen Joint hin. Deine Klassenkameraden zeigen dir, wie man unbemerkt abschreiben kann. Im Internet gibt es Pornoseiten. Fragen Sie sich selbst: Wie kann ich Gott gefallen? „Bringt Opfer der Gerechtigkeit und vertraut auf den Herrn!" (Psalm 4,6; SÜ).

*Denn wer tut, was mein Vater im Himmel will,
der ist mein Bruder, meine Schwester
und meine Mutter.*
Matthäus 12,49–50 (GN)

*Der Herr ist auf meiner Seite,
und ich brauche mich vor nichts
und niemandem zu fürchten.
Was kann mir ein Mensch schon antun?*
Psalm 118,6 (Hfa)

*Ich werde euch nicht als hilflose Waisen
zurücklassen; ich komme zu euch. …
Wer sich an meine Gebote hält und sie befolgt,
der liebt mich wirklich. Und wer mich liebt,
den wird mein Vater lieben;
und auch ich werde ihn lieben
und mich ihm zu erkennen geben.*
Johannes 14,18.21 (NGÜ)

*Lasst euch vom Herrn Kraft geben,
lasst euch stärken durch seine gewaltige Macht!*
Epheser 6,10 (NGÜ)

Juanitas Geschichte

Am 5. Mai 2006 verlor ich meinen besten Freund, den Vater meiner vier Kinder – meinen Mann. Trauern ist immer das Härteste, was einem im Leben widerfahren kann. Aber wenn man Gott an seiner Seite hat, dann wird diese Erfahrung zu etwas ganz Erstaunlichem.

Ich verlor meinen Mann aufgrund einer Lebererkrankung, sechzehn Jahre nach seiner ersten Transplantation 1990. 2006 benötigte er eine zweite Lebertransplantation und auch noch eine neue Niere. In der Zeit der Dunkelheit und der Trauer nach seinem Tod standen mir meine Familie, meine Freunde und – am wichtigsten – Gott bei. Ich war zu diesem Zeitpunkt 50 Jahre und arbeitete als Arzthelferin. Da mich die ganze Situation aus dem Gleichgewicht gebracht hatte, war es ein Segen, erwachsene Kinder an meiner Seite zu haben, und ich fand auch großen Trost bei Gott und meiner Gemeinde. Ich bin fest davon überzeugt, dass er auch seine Hände im Spiel hatte, als ich zurück aufs College ging und meinen Abschluss als Krankenschwester machte.

Ich schreibe diese Zielen sechs Jahre nach dem Tod meines Mannes und muss unwillkürlich lächeln, weil ich sehe, dass immer noch Leben in mir ist. Ich weiß jedoch, dass ich diesen Weg keineswegs allein hätte gehen können. Ich brauchte Gott und er war für mich da.

Sie haben wahrscheinlich schon den Ausspruch gehört:

Gott ist die Antwort. Ich möchte Ihnen sagen, dass das stimmt. Gott umgibt mich mit seiner Gnade, er liebt mich, und er führt mich. Ich bin in eine neue Stadt gezogen, wo ich ein neues Leben begonnen habe. Nach dem Tod meines Mannes fühlte ich mich wie ein vom Wind umhergeblasenes Herbstblatt. Hier und da berührten meine Füße den Boden, und die Last des Kummers und all der Veränderungen waren zu viel, um sie zu ertragen. Doch Gott hat mich durch diese Zeiten hindurchgetragen. Und so wie mein himmlischer Vater mich getragen hat, wird er auch Sie tragen. Wenn die Lasten des Lebens zu schwer sind, dürfen Sie ihm vertrauen. Sie sind Gott unendlich wertvoll.

Es wird nicht
ohne Schmerzen
abgehen.
Es wird auch
nicht schnell
gehen.

Prüfungen bereiten uns aufs Leben vor

Dient diese Prüfung einem Zweck?

Am 28. November 1965 explodierte Howard Rutledges Bomber unter feindlichem Beschuss. Es gelang ihm aber noch rechtzeitig, den Schleudersitz zu betätigen und auszusteigen. Doch er landete mit dem Fallschirm direkt in den nordvietnamesischen Truppen und wurde in ein Kriegsgefangenenlager in Hanoi gebracht, das die Amerikaner spöttisch „Heartbreak Hotel" nannten.

Als die Tür hinter mir zuschlug und der Schlüssel im rostigen Eisenschloss umgedreht wurde, überkam mich ein Gefühl völliger Einsamkeit. Ich legte mich auf den kalten Betonblock in meiner 2 mal 2 Meter großen Zelle. Der Gestank von menschlichen Exkrementen stach mir in die Nase. Eine Ratte so groß wie eine kleine Katze huschte an mir vorbei. Wände, Decke und Boden waren dreckverschmiert. Das winzige Fenster hoch oben über der Tür war vergittert. Ich fror und hatte Hunger. Meine geschwollenen Gelenke und die geprellten Muskeln schmerzten …

Es ist schwer zu beschreiben, in welcher Weise die Einzelhaft einem Mann an die Nerven gehen und ihn aufreiben kann. Schon bald hat man das Stehen und Sitzen, das Schlafen und Wachsein satt. Es gibt keine Bücher, kein Papier, keine Stifte, keine Zeitschriften oder Zeitungen. Die einzigen Farben sind ein trübes Grau und ein dreckiges Braun. Es können Monate oder sogar Jahre vergehen, in denen man weder Sonne noch Mond, weder Gras noch Blumen sieht. Man ist eingesperrt, sitzt einsam und schweigend in seiner dreckigen, kleinen Zelle, atmet die abgestandene, stinkige Luft ein und versucht, nicht den Verstand zu verlieren.[3]

Howard Rutledge lernte, seine Zeit als Kriegsgefangener in Vietnam zu schätzen. Er schrieb später:

Während dieser langen Zeiten, in denen man zum Nachdenken gezwungen war, wurde es viel leichter, das Wichtige vom Unwichtigen und das Wertvolle vom Wertlosen zu trennen ...

Schon bald war mein geistlicher Hunger weitaus größer als mein Verlangen nach einem Steak ... Ich wollte mehr über den Teil von mir erfahren, der ewig leben wird ... Ich wollte über Gott und Christus und die Gemeinde sprechen ... Ich musste erst im Gefängnis landen, um zu erkennen, wie leer ein Leben ohne Gott ist ...

Am 31. August, nach 28 Tagen Folter, wusste ich zwar noch, dass ich Kinder hatte, aber nicht mehr, wie viele. Ich habe Phyllis' Namen unablässig wiederholt, damit ich ihn nicht vergaß. Ich betete um Kraft. In jener achtundzwanzigsten Nacht gab ich Gott ein Versprechen: Wenn ich diese Tortur überlebte, würde ich am ersten Sonntag, an dem ich wieder frei war, mit Phyllis und meiner Familie in ihre Kirche gehen und ... meinen Glauben an Christus bekennen und der Gemeinde beitreten. Das war kein Handel mit Gott, damit er mich heil durch diese letzte elende Nacht brachte. Es war ein

Versprechen, das ich ihm nach monatelangem Nachdenken gab. Ich hatte das Gefängnis und stundenlanges qualvolles Nachdenken gebraucht, um zu erkennen, wie sehr ich Gott und die Gemeinschaft mit anderen Gläubigen brauchte. Nachdem ich Gott dieses Versprechen gegeben hatte, bat ich noch einmal um die Kraft, diese Nacht zu überstehen.

Als das Licht der Morgendämmerung durch den Spalt der dicken Gefängnistür fiel, dankte ich Gott für seine Gnade.[4]

Nur wenige von uns werden jemals die harten Bedingungen in einem Kriegsgefangenenlager erleben. Aber auf die eine oder andere Weise verbringen wir alle einmal eine Zeit hinter Gittern.

- Unter den heute eingetroffenen E-Mails ist das Gebetsanliegen einer jungen Mutter, bei der Lupus diagnostiziert wurde. Gefangen in Krankheit.

- Gestern habe ich mit einem Mann Kaffee getrunken, dessen Frau an Depressionen leidet. Er hat das Gefühl, in der Klemme zu sitzen (eine Kette), und hat deswegen ein schlechtes Gewissen (noch eine Kette).

- Nach einem halben Jahrhundert Ehe verliert die Frau eines Freundes langsam ihr Gedächtnis. Er muss ihr die Autoschlüssel wegnehmen, damit sie nicht fahren kann. Er muss bei ihr bleiben, damit sie nicht fällt. Sie hatten gehofft, gemeinsam alt zu werden.

Das werden sie vielleicht auch, aber nur einer von beiden wird wissen, welcher Tag heute ist.

Jede diese Personen fragt sich: Wo ist Gott in dieser Situation? Warum lässt Gott zu, dass ich in dieser Sache gefangen bin? Hat all das hier einen Sinn? Josef stellte sich diese Fragen ganz sicher.

Gott prüft uns jeden Tag durch andere Menschen, Leid oder Probleme. Denken Sie einmal einen Augenblick über Ihre Umstände nach. Erkennen Sie, wo Gott Sie heute auf die Probe gestellt hat? Zäh fließender Verkehr? Schlechtes Wetter? Schmerzende Glieder?

Verstehen Sie Ihre Schwierigkeiten nicht als Störung in Ihrem Leben, sondern als Vorbereitung auf das Leben. Niemand hat behauptet, dass der Weg leicht und frei von Schmerzen sein würde. Aber Gott wird auch dieses Durcheinander zu etwas Gutem verwenden. „Wenn ihr also Nöte durchmachen müsst, dann seht darin Gottes Absicht, euch zu erziehen … Mit allen seinen Kindern ist Gott auf diese Weise verfahren … Gott aber weiß wirklich, was zu unserem Besten dient; er erzieht uns so, dass wir an seiner Heiligkeit Anteil bekommen" (Hebräer 12,7.8.10; NGÜ).

Gott formt und ändert jeden von uns, ob wir uns dessen bewusst sind oder nicht, ob wir das wollen oder nicht.

Wenn er uns straft und Leid über uns bringt,
so schmerzt es ihn selbst.
Klagelieder 3,33 (Hfa)

Ich bin ganz sicher: Gott wird das gute Werk,
das er bei euch angefangen hat, auch vollenden
bis zu dem Tag, an dem Jesus Christus kommt.
Philipper 1,6 (GN)

Ich wünsche euch nun von Herzen,
dass Gott selbst euch hilft,
das Gute zu tun und seinen Willen zu erfüllen.
Er ist es ja, der uns seinen Frieden schenkt. …
Jesus Christus wird euch die Kraft geben,
das zu tun, was Gott gefällt.
Ihn wollen wir bis in alle Ewigkeit loben und ehren.
Hebräer 13,20–21 (Hfa)

Denn durch solche Bewährungsproben
wird euer Glaube fest und unerschütterlich.
Bis zuletzt sollt ihr so unerschütterlich festbleiben,
damit ihr in jeder Beziehung zu reifen Christen werdet
und niemand euch etwas vorwerfen kann
oder etwas an euch zu bemängeln hat.
Jakobus 1,3–4 (Hfa)

Dinas Geschichte

Mein Mann und ich waren gerade zwei Monate verheiratet, als wir herausfanden, dass ich schwanger war. An meinem Geburtstag erfuhren wir dann, dass ich einen Jungen erwartete. Man teilte uns aber außerdem mit, dass er nicht nur einen Herzfehler haben würde, sondern dass mit großer Wahrscheinlichkeit auch das Downsyndrom vorlag. Wir brachen zusammen und weinten. Aber wir entschieden uns gegen eine Fruchtwasseruntersuchung, welche die Prognose hätte bestätigen können – und vertrauten Gott die Gesundheit unseres Babys an.

Christian Coover wurde am 14. November 2011 geboren. Er kam mit Downsyndrom zur Welt, mit einem Atrioventrikulären Septumdefekt (AVSD), was man uns schon angekündigt hatte, sowie einem Herzfehler an der Aorta, den die Ärzte beim Ultraschall nicht gesehen hatten. Die meisten Babys mit Chromosomendefekt kommen zu früh auf die Welt und sind zu klein. Christian jedoch kam zum errechneten Termin, wog 3,7 Kilo und war 53 Zentimeter groß.

Unser kleiner Junge musste sich zwei Tage nach seiner Geburt einer Not-OP am offenen Herzen unterziehen. Eigentlich sollte es ihm drei Tage später schon wieder besser gehen, aber stattdessen verbrachten wir zwei Monate auf der Intensivstation. Später fanden wir heraus, dass den Ärzten diese Kombination an Herzfehlern noch nie untergekommen war. Während dieser Zeit betete ich ganz intensiv und bat Gott, mein Kind zu heilen. Ich wusste einfach, dass bei meinem Sohn ein Wunder geschehen würde.

Während Christian im Krankenhaus lag, beteten viele Menschen für ihn. Meine Mutter erinnerte mich immer wieder daran, dass „viele Leute vor Gott knien, um für Christian zu beten". Aber aufgrund all der Medikamente und der Fehlbildungen stellten seine Nieren irgendwann ihren Dienst ein. Die Ärzte konnten einfach nichts mehr für ihn tun. Gott entschied sich dafür, meine Gebete nicht auf die Art und Weise zu beantworten, wie ich erhofft hatte. Christian starb am 11. Januar 2012.

Unser Baby zu verlieren kam mir völlig abwegig vor. Es ist das Schwerste, das mein Mann und ich je durchgemacht haben. Ich verstehe immer noch nicht richtig, warum Gott unsere Gebete um Heilung nicht erhört hat. Warum soll man überhaupt beten, wenn Gott doch eh tut, was er will? Mein Glaube war nie zuvor so auf die Probe gestellt worden. Manchmal war der Schmerz so groß, dass ich Gottes Existenz infrage stellte. Mein Kind war gestorben und mit ihm viele meiner Träume.

Aber ich verstand irgendwann, dass Christian in gewisser Weise Gott gehörte und nicht mir. Und ich glaube, dass wir darauf vertrauen müssen, dass Gott tut, was letztendlich für uns das Beste ist. Ich sehe es jetzt auch so, dass Gott meine Gebete um Christians Heilung erhörte, indem er seinen kleinen Körper im Himmel wiederherstellte, der ein viel besserer Ort ist als diese Erde.

Wir vermissen unser Kind immer noch sehr, aber wir glauben fest daran, dass es einen Grund gab, weshalb Christian diese zwei Monate bei uns war. Christians Geschichte hat uns die Möglichkeit eröffnet, unsere Erfahrungen mit anderen zu teilen, denen es ähnlich erging. Mein Mann und ich glauben auch, dass wir mit Gottes Hilfe diese Situation überstehen können. Und eines Tage werden wir mit unserem Herrn und unserem kleinen Engel im Himmel sein.

Josef ...
im Trainingslager?

Da nahm ihn sein Herr und legte ihn ins Gefängnis,
in dem des Königs Gefangene waren.
Und er lag allda im Gefängnis.
Aber der Herr war mit ihm und neigte die Herzen
zu ihm und ließ ihn Gnade finden
vor dem Amtmann über das Gefängnis.
1. Mose 39,20–21 (LÜ)

Wenn Frau Potifar Josef nicht durch Flirten ins Bett bekam, würde sie es eben mit Gewalt versuchen. Sie griff nach seinem Gewand, doch er schlüpfte hinaus. Ihm war sein tadelloser Charakter wichtiger als seine Kleidung. Er flüchtete, und sie erfand eine Geschichte, um anderen eine Erklärung dafür zu bieten, warum er dies getan hatte. Als Potifar nach Hause kam, hatte sie sich eine Lüge zurechtgelegt und benutzte Josefs Gewand als Beweis für ihre Behauptungen. Potifar beschuldigte Josef eines sexuellen Übergriffs und ließ ihn in den Kerker werfen.

Kein Gefängnis wie heute, sondern ein unterirdischer Bau mit fensterlosen Zellen, mit feuchtem Boden, fadem Essen und schalem Wasser. Die Wachen stießen ihn ins Verlies und knallten die Tür hinter ihm zu. Josef lehnte sich an die Wand und glitt zu Boden. „… hier in Ägypten habe ich nichts Unrechtes getan. Ich bin ohne jede Schuld in diesem Loch" (1. Mose 40,15; GN).

Josef hatte in Potifars Haus sein Bestes gegeben. Er hatte seinem Arbeitgeber ein Vermögen erwirtschaftet. Er hatte alle seine Hausaufgaben gemacht und sein Zimmer immer brav aufgeräumt. Er hatte sich an eine neue Kultur angepasst. Er hatte den sexuellen Annäherungsversuchen widerstanden. Aber was war der Lohn dafür? Eine Gefängnisstrafe ohne Aussicht auf Begnadigung.

Warum hat Gott Josef nicht vor dem Gefängnis bewahrt? Wäre das hier vielleicht eine Antwort? „Denn durch solche Bewährungsproben wird euer Glaube fest und unerschütterlich. Bis zuletzt sollt ihr so unerschütterlich festbleiben, damit ihr in jeder Beziehung zu reifen Christen werdet und niemand euch etwas vorwerfen kann oder etwas an euch zu bemängeln hat" (Jakobus 1,3–4; Hfa).

„Der Verwalter übertrug Josef die Aufsicht über alle anderen Gefangenen, und alle Arbeiten im Gefängnis geschahen unter Josefs Leitung" (1. Mose 39,22; GN). Das nenne ich einen Schnellkurs in Sachen Führung! Josef hatte die willigen Diener Potifars geleitet. Aber im Gefängnis waren ihm störrische, respektlose und undankbare Männer unterstellt. Josef hätte sich verkriechen und sagen können: „Nein danke. Ich habe meine Lektion gelernt. Ich werde gar nichts mehr für gar niemanden leiten." Aber er jammerte und mäkelte nicht herum. Er zeigte seine Bereitwilligkeit.

Gott war jedoch noch nicht fertig. Ein Bäcker und ein Mundschenk, die ebenfalls im Kerker saßen, hatten beide

Träume gehabt und waren darüber sehr beunruhigt. Beide Männer baten Josef um Rat. Und Gott zeigte Josef, wie diese Träume zu verstehen waren. Würde er es ihnen verraten? Als Josef das letzte Mal von Träumen gesprochen hatte, war er in einer trockenen Zisterne gelandet. Außerdem beinhaltete seine Auslegung nur zur Hälfte eine gute Nachricht. Würde Josef Gottes Botschaft weitergeben? Und wenn der Pharao ihn Monate später rief, würde er dann Gottes Wort getreu widergeben? Es war eine Prüfung. Und Josef bestand sie. Er brachte dem Mundschenk gute Nachrichten („In drei Tagen wirst du frei sein") und dem Bäcker schlechte („In drei Tagen wirst du tot sein"). Einer bekam einen Neuanfang, der andere eine Schlinge um den Hals.

Eine Prüfung nach der anderen. Das Verlies sah vielleicht aus wie ein Gefängnis, roch wie ein Gefängnis, klang wie ein Gefängnis. Aber hätte man die Engel im Himmel gefragt, wo Josef gerade war, hätten sie geantwortet: „Ach, der ist im Trainingslager."

Josef im Gefängnis. Aus rein menschlicher Sicht war das Gefängnis das tragische Ende von Josefs Leben. Satan konnte einen Punkt für die dunkle Seite der Macht verbuchen. Alle Pläne, die vorsahen, Josef für etwas Großes zu gebrauchen, waren mit dem Zuschlagen der Zellentür zunichtegemacht. Der Teufel hatte Josef genau da, wo er ihn haben wollte.

Gott auch.

Sie zwangen [Josefs] *Fuß in einen Stock;*
sein Hals kam ins Eisen –
bis zu der Zeit, da sein Wort eintraf
und der Ausspruch des Herrn ihn geläutert hatte.
Psalm 105,18–19 (SÜ)

Satan hatte mit diesen Ereignissen Böses verfolgt, doch Gott gebrauchte sie, um Josef zu prüfen.

Wenn Sie Ihre Probleme nur als ziemlich ärgerliche Einzelfälle sehen, werden Sie wahrscheinlich irgendwann wütend und verbittert. Aber wenn Sie Ihre Probleme als Prüfungen verstehen, die Gott gebraucht, um seine Herrlichkeit zu zeigen und Sie zu formen, dann haben sogar die kleinsten Zwischenfälle eine Bedeutung.

Jede große
oder kleine
Herausforderung
kann dich auf
eine zukünftige
gute Gelegenheit
vorbereiten.

*Er wird nicht aufhören zu wüten,
bis alles ausgeführt ist,
was der Herr sich vorgenommen hat.
Hinterher werdet ihr einsehen,
warum alles so kommen musste.*

Jeremia 30,24

Ein Rollstuhl, ein leerer Kühlschrank oder ein gebrochenes Herz haben nichts Banales. Für die Betroffenen sind solche Herausforderungen wie steile Berge, wie viel Gegenwind. Sie sind nicht leicht.

Aber sie passieren auch nicht einfach nur so. Gott ist nicht nur manchmal souverän. Und er ist nicht gelegentlich siegreich. Er sitzt nicht einen Tag auf dem Thron und am nächsten Tag ist der Thron leer. Sie verstehen vielleicht nicht, warum Sie sich in der Situation befinden, in der Sie gerade stecken, aber Gott bringt sie nicht aus der Fassung. Er kann und wird auch diese Herausforderung gebrauchen, um sein Ziel für Ihr Leben zu erreichen.

Gott ist immer gegenwärtig

Richten Sie Ihren Blick auf Gott

„Hört auf und erkennt, dass ich Gott bin!" (Psalm 46,10; Hfa) steht auf dem Schild in Gottes Wartezimmer.

Sie können froh sein, weil er gut ist. Sie können ruhig sein, weil er handelt. Sie können zur Ruhe kommen, weil er sich an die Arbeit macht.

Biblisch betrachtet, bedeutet Warten nicht, mit dem Schlimmsten zu rechnen, sich Sorgen zu machen, beunruhigt zu sein oder die Kontrolle selbst in die Hand zu nehmen. Warten heißt aber auch nicht, untätig zu sein. Warten ist die anhaltende Bemühung, durch Gebet und Glauben weiterhin auf Gott zu blicken. Warten heißt: „Werde ruhig vor dem Herrn und warte gelassen auf sein Tun! ... reg dich nicht auf!" (Psalm 37,7; GN).

Aber alle, die auf den Herrn vertrauen,
bekommen immer wieder neue Kraft,
es wachsen ihnen Flügel wie dem Adler.
Sie gehen und werden nicht müde,
sie laufen und brechen nicht zusammen.
Jesaja 40,31 (GN)

Neue Kraft. Frische Energie. Beine, die nicht müde werden. Freuen Sie sich über das, was Gott ist und tut, dann wird er Ihrer Seele Ruhe schenken.

Glendas Geschichte

Ich war 25 Jahre lang verheiratet, Mutter dreier Kinder und lebte in Litte Rock, Arkansas. Doch 1996 war das Leben, das ich bis dahin geführt hatte, vorüber. Die Scheidung geschah in gegenseitigem Einvernehmen, aber sie schmerzte doch, denn er hatte mich betrogen. Ich fühlte eine merkwürdige Art von Freiheit und Frieden, als er mit seiner neuen Frau nach Tennessee zog. Doch da wusste ich noch nicht, welcher Kummer und welche Verzweiflung mir noch bevorstanden. Unsere beiden älteren Kinder waren schon erwachsen und lebten ihr eigenes Leben. Unsere jüngste Tochter Heather war jedoch erst 13. Wir teilten uns das Sorgerecht, wie vom Gericht angeordnet: Sie sollte bei mir wohnen und ihren Vater immer wieder länger besuchen.

Im Juni 1998 holte ihr Vater Heather für einen dreiwöchigen Besuch ab. Sie und ich hatten entschieden, dass wir nach ihrer Rückkehr ein neues, besseres Leben in Texas beginnen wollten. Aber zwei Tage vor ihrer abgemachten Rückkehr rief mich Heather an. Ich merkte, dass sie geweint hatte. Sie sagte mir, dass sie bei ihrem Vater bleiben wollte. Er hatte sie davon überzeugt, dass sie bei seiner neuen Familie ein besseres Leben haben würde – nicht bei mir.

Mir blieb schier die Luft weg, als ich auf dem Boden zusammensackte. Heather sagte mir, dass sie mich liebte und dass sie in ein paar Tagen vorbeikommen würde, um ihre Sachen zu holen. Am nächsten Morgen klingelte es um sieben Uhr morgens an meiner Tür und mir wurde eine Vorladung überreicht: Heathers Vater und seine neue Frau wollten das alleinige Sorgerecht für mein Kind. Ich wusste, dass sie das aus Boshaftigkeit taten, und ich wusste ebenso, dass ich ihm nicht würde ins Gesicht sehen können, wenn er ihr half, aus meinem Haus auszuziehen. Deshalb zog ich ohne Heather nach Texas. Mein Stolz und die Kränkung verleiteten mich zu dieser Entscheidung.

Vier Jahre gingen vorüber, ohne dass ich viel mit Heather sprach, denn sie warf mir vor, ich hätte sie im Stich gelassen. Sie nahm meine Anrufe entweder gar nicht entgegen oder machte irgendeine wütende Bemerkung, bevor sie sofort wieder auflegte. Der Schmerz überwältigte mich und ich verabscheute mich selbst. Ich bekam nicht mit, wie mein Kind sich zum ersten Mal mit einem Jungen traf, wie sie Auto fahren lernte. Ich war nicht dabei, um all die wunderbaren „ersten Male" mit ihr zu teilen, deren Zeuge wir Eltern eigentlich sind. Und ich konnte sie nicht länger umarmen. Ich machte mir deshalb riesige Vorwürfe.

Kurz nach ihrem Schulabschluss ging Heather zur Marine. Ich wusste damals, dass sie jetzt für immer von mir gegangen war. Ich hatte mich bis dahin nicht an Gott gewandt und ich tat es auch jetzt nicht. Stattdessen schlug ich einen dunklen, von Sünde gesäumten Weg ein, um einen Bogen um ihn zu machen. Aber meine Fehler und mein Fehlverhalten wurden schließlich so unerträglich, dass ich auf die Knie ging und Gott darum bat, mir zu vergeben. Und ich vergab mir auch selbst. Auf einmal spürte ich, wie

Gottes Liebe mich erfüllte und mich umgab. Mit einem Mal schien es mir wieder möglich zu sein, ein neues, heiles Leben zu führen. Meine Freude kehrte zurück.

   Da klingelte eines Nachmittags das Telefon. Ich hörte eine vertraute Stimme sagen: „Mama, ich möchte nach Hause kommen." Heather wollte die Marine verlassen. Zwei Tage später umarmte ich meine Tochter zum ersten Mal nach vier Jahren. Das war 2002. Gott hatte mein Schreien gehört und Heather zu mir nach Hause gebracht. Jetzt, zehn Jahre später, hat Gott mich mit einem tollen Schwiegersohn und drei süßen Enkelkindern gesegnet. Meine Tochter hat ihr Leben Jesus anvertraut und sich taufen lassen. Heather und ich umarmen uns jetzt ganz oft. Gott hat uns trotz allem beide durch diese harten, schmerzhaften vier Jahre hindurchgetragen.

*Ich bin ganz sicher, dass alles,
was wir zurzeit erleiden, nichts ist,
verglichen mit der Herrlichkeit,
die Gott uns einmal schenken möchte.*
Römer 8,18 (Hfa)

Was noch kommen wird, wird dem, was jetzt passiert, einen Sinn verleihen. Lassen Sie Gott sein Werk vollenden. Lassen Sie den Komponisten seine Symphonie fertig schreiben. Die Vorhersage ist einfach: Es wird gute Tage geben und schlechte Tage. Aber Gott ist an allen Tagen gegenwärtig. Er ist genauso Herr über die Hungersnot, wie er auch Herr über das Festessen ist. Und er gebraucht beides, um seine liebevollen Pläne zu vollenden.

Warten

Aber vergiss mich nicht, wenn es dir gut geht!
Tu mir den Gefallen und empfiehl mich dem Pharao!
Bring mich aus diesem Kerker heraus! ...
Ich bin ohne jede Schuld in diesem Loch. ...
Aber der oberste Mundschenk dachte nicht an Josef;
er hatte ihn schon vergessen. ...
Zwei volle Jahre waren vergangen,
da hatte der Pharao einen Traum.
1. Mose 40,14–15.23; 41,1 (GN)

2 Jahre! 24 Monate lang nichts. 104 Wochen lang warten. 730 Tage Ungewissheit. 2.190 einsame Mahlzeiten. 17.520 Stunden lang auf Gott hören und nur Stille erleben.

Genug Zeit, um verbittert, zynisch oder wütend zu werden. Es gab schon Menschen, die Gott wegen geringerer Dinge nach kürzerer Zeit den Rücken gekehrt haben.

Aber nicht Josef. An einem Tag, der wie jeder andere begann, vernahm er Lärmen am Gefängniseingang. Eine laute, ungeduldige Stimme forderte: „Wir sind wegen dem Hebräer gekommen! Der Pharao will den Hebräer sehen!" Josef sah auf, als der Gefängnisaufseher leichenblass vor ihm stand und stammelte: „Steh auf! Schnell, steh auf!" Zwei Wachen vom Hofe des Pharaos folgten ihm auf den Fersen. Josef kannte sie noch aus seiner Zeit als Potifars Diener. Sie ergriffen ihn an den Ellbogen und marschierten mit ihm aus diesem Loch. Er blinzelte, als er in das helle Sonnenlicht trat. Sie brachten ihn über den Hof in einen Raum. Bedienstete scharten sich um ihn. Sie zogen ihm seine schmutzige Kleidung aus, wuschen ihn und rasierten seinen Bart ab. Sie zogen ihm ein weißes Gewand und neue Sandalen an. Die Wachen kamen zurück und brachten ihn in den Thronsaal.

Und so sahen sich Josef und der Pharao zum ersten Mal in die Augen.

Der König hatte in der Nacht zuvor nicht gut geschlafen. Träume hatten ihn immer wieder aufgeschreckt. Er hatte von Josefs Begabung gehört. „Man sagt, du kannst Träume deuten. Meine Berater sind stumm wie Fische. Kannst du mir helfen?"

Seine letzten beiden Begegnungen mit Leuten vom Königshof waren für Josef nicht sehr positiv verlaufen. Frau Potifar hatte Lügen über ihn verbreitet. Der Mundschenk hatte ihn vergessen. Beide Male hatte Josef Gott erwähnt. Vielleicht sollte er jetzt lieber auf Nummer sicher gehen und seinen Glauben nicht offen zeigen.

Er tat es nicht. „Nicht ich, sondern Gott wird zum Wohl des Pharao eine Antwort geben" (1. Mose 41,16; EÜ).

Josef tauchte aus seiner Gefängniszelle auf und prahlte mit seinem Gott. Die Zeit im Gefängnis hatte seinen Glauben nicht zerstört, sondern ihn gestärkt.

Und Sie? Sie sind zwar nicht im Gefängnis, aber vielleicht sind Sie kinderlos, arbeitslos, hilflos, ohne Aufgabe, ohne Gesundheit, ohne Wohnung, ohne Partner. Sitzen Sie in

Gottes Wartezimmer? Wenn ja, dann müssen Sie Folgendes wissen: Während Sie warten, ist Gott bei der Arbeit.

„Mein Vater ist ständig am Werk", hat Jesus gesagt (Johannes 5,17). Gott dreht nie Däumchen. Er steht nie still. Er macht nie Urlaub. Am siebten Tag der Schöpfung hat er geruht, aber am achten hat er sich wieder an die Arbeit gemacht und seither nicht damit aufgehört. Glauben Sie nicht, Gott sei untätig, nur weil Sie es gerade sind.

Du bist vielleicht verwirrt über das, was gerade in deinem Leben vor sich geht. Aber Gott nicht.

Jennifers Geschichte

Gott hat mich definitiv durch einige der herausforderndsten Jahre meines Lebens getragen.

Ich bin in einer Gemeinde groß geworden und jedes Jahr auf Sommerfreizeiten gefahren. Also hatte ich schon viele Erfahrungsberichte darüber gehört, wie Gott verschiedene Situationen und Prüfungen im Leben von Menschen gebraucht, um sie zu der Person zu formen, die sie heute sind. Ich betete dafür, dass Gott auch für mich eine Geschichte hätte – und hatte natürlich keine Ahnung, wie er dieses Gebet beantworten würde!

Ich hatte gerade mein erstes Semester auf dem College beendet und war über die Weihnachtsferien nach Hause gefahren. Ich ging zum Hautarzt, weil ich eine Entzündung im Gesicht hatte und erwähnte ein Muttermal am Fuß. Und es war gut, dass ich das Muttermal erwähnte. Zwei Wochen später kam der Anruf, dass ich ein malignes Melanom hätte. Der Krebs wurde so richtig Realität, als ich innerhalb einer Woche einen Chirurgen finden musste, genauer einen plastischen Chirurgen und einen Onkologen. Nach zwei Operationen musste ich nicht nur erst wieder lernen, wie man läuft, sondern mich auch ein Jahr lang einer Chemotherapie unterziehen.

Während ich das schreibe, bin ich schon seit fast sieben Jahren krebsfrei. Es ist schon erstaunlich, zurückzublicken und zu sehen, wie Jesus mich geheilt hat. Meine Narben erinnern mich jeden Tag an diese Zeit der Schmerzen, aber ich nehme gern an, was er getan hat, denn ich wäre heute nicht diejenige, die ich bin, wenn ich diese Krankheit nicht durchgemacht hätte. Meine Narben erinnern mich auch an seine Naben und was er geopfert hat, damit wir Leben haben, Leben in seiner ganzen Fülle!

Darum ist es das Beste, geduldig zu sein und auf die Hilfe des Herrn zu warten.
Klagelieder 3,26 (Hfa)

Ich dachte schon in meiner Angst,
ich wäre aus deiner Nähe verbannt.
Doch du hast mich gehört,
als ich um Hilfe schrie.
Psalm 31,23 (GN)

In der Welt wird man euch hart zusetzen,
aber verliert nicht den Mut:
Ich habe die Welt besiegt!
Johannes 16,33 (GN)

Unbeirrt habe ich auf den Herrn gehofft,
auf seine Hilfe habe ich gewartet.
Er hat mein Schreien gehört und hat mir geholfen.
Psalm 40,2 (GN)

Seid fröhlich in Hoffnung,
geduldig in Trübsal, beharrlich im Gebet.
Römer 12,12 (LÜ)

Werdet nicht müde, Gutes zu tun.
Es wird eine Zeit kommen,
in der ihr eine reiche Ernte einbringt.
Gebt nur nicht vorher auf!
Galater 6,9 (Hfa)

Gott kann aus dem Chaos etwas Gutes machen

Gottes „Gleichungen" entsprechen nicht unserer Mathematik

Zwei Jahre nach Abschluss an der Militärakademie in West Point war Leutnant Sam Brown auf seinem ersten Einsatz in Afghanistan, als ein Sprengkörper seinen Jeep in einen Molotowcocktail verwandelte. Er weiß nicht mehr, wie er aus dem Wagen gekommen ist. Er erinnert sich aber noch daran, dass er sich im Sand gewälzt und sich Staub in sein brennendes Gesicht geschleudert hat, im Kreis gerannt ist und schließlich auf die Knie fiel, die brennenden Arme zum Himmel streckte und schrie: „Jesus, rette mich!"

Für Sam waren diese Worte mehr als nur ein verzweifelter Hilferuf. Er ist ein überzeugter Nachfolger von Jesus. Sam schrie zu seinem Retter, er solle ihn heimholen. Er dachte, er würde sterben.

Aber es war nicht der Tod, der zu ihm eilte, sondern sein MG-Schütze. Die Kugeln flogen ihnen um die Ohren, aber er brachte Sam dennoch in Deckung. Als sie sich hinter eine Mauer kauerten, bemerkte Sam, dass Fetzen seiner Kleidung anfingen, sich in seine Haut zu brennen. Er befahl dem Gefreiten, ihm die Handschuhe von seinen verbrannten Händen zu reißen. Der Soldat zögerte, zog dann aber. Mit den Handschuhen lösten sich auch Teile seiner Hand. Brown fuhr angesichts des Schmerzes zusammen, dem noch Tausende von schmerzvollen Momenten folgen sollten.

Als Fahrzeuge einer anderen Einheit die beiden endlich erreichten, legten sie den verwundeten Soldaten in einen Lkw. Bevor Sam das Bewusstsein verlor, erhaschte er in einem Spiegel noch einen kurzen Blick auf sein versengtes Gesicht. Er erkannte sich selbst nicht wieder.

Das war im September 2008. Als ich ihn drei Jahre später kennenlernte, hatte er Dutzende von schmerzvollen Operationen hinter sich. Man hatte abgestorbene Haut entfernt und gesunde Haut von anderen Körperteilen transplantiert. Die Schmerzskala reichte nicht aus, um die Qualen anzuzeigen, die er erlitten hatte.

Aber mitten in all dem Grauen gab es auch Schönheit. Die Diätspezialistin Amy Larsen. Da Sams Mundöffnung nur noch so groß war wie eine Münze, überwachte Amy seine Ernährung. Er erinnert sich daran, wie er sie das erste Mal sah. Dunkles Haar, braune Augen. Nervös. Süß. Aber vor allem schreckte sie vor seinem Anblick nicht zurück.

Nach einigen Wochen brachte er den Mut auf, sie einzuladen, mit ihm auszugehen. Sie gingen zu einem Rodeo. Am darauffolgenden Wochenende besuchten sie die Hochzeit eines Freundes. Während der dreistündigen Fahrt erzählte Amy Sam, dass er ihr schon vor Monaten aufgefallen war, als er noch in Verbände gewickelt sediert auf der Intensivstation gelegen und am Beatmungsgerät gehangen hatte. Als er wieder bei Bewusstsein gewesen war, war sie in sein Zimmer gekommen, um ihn kennenzulernen.

Aber er war von Angehörigen und Ärzten umringt gewesen, und so war sie wieder gegangen.

Die beiden trafen sich von da an regelmäßig. Schon am Anfang ihrer Beziehung erwähnte Sam Jesus Christus. Amy war nicht gläubig, aber durch Sams Geschichte öffnete sie ihr Herz für Gott. Sam erzählte ihr von Gottes Gnade und machte sie mit Christus bekannt. Bald darauf heirateten sie. Während ich diese Zeilen schreibe, sind sie bereits Eltern eines sieben Monate alten Jungen. Sam leitet eine Einrichtung, die verwundete Soldaten unterstützt.

Ich will die schrecklichen Erlebnisse eines Mannes, der in der afghanischen Wüste in Flammen stand, ganz gewiss nicht schönreden. Und wer könnte sich auch schon die Qualen der vielen Operationen und der Reha vorstellen? Zeitweise hat die emotionale Belastung auch in ihrer Ehe ihren Tribut gefordert. Aber Sam und Amy sind von einer Sache überzeugt: Gottes „Gleichungen" entsprechen nicht unserer Mathematik. Krieg + fast tot + qualvolle Reha = wunderbare Familie und die Hoffnung auf eine frohe Zukunft. In Gottes Hand wird aus bösen Absichten letztlich etwas Gutes.

Wer unter den Göttern ist wie du, o Herr?
Wer ist so herrlich und heilig wie du?
Wessen Taten sind so Ehrfurcht gebietend?
Wer vollbringt solche Wunder?
2. Mose 15,11 (NL)

Herr, kein anderer Gott ist dir gleich
und niemand kann tun, was du tust.
Psalm 86,8 (NL)

Doch Gottes Wahrheit steht fest
wie ein Grundstein mit folgender Inschrift:
„Der Herr kennt die Seinen."
2. Timotheus 2,19 (NL)

Gott aber kann viel mehr tun, als wir jemals von ihm
erbitten oder uns auch nur vorstellen können.
So groß ist seine Kraft, die in uns wirkt.
Deshalb wollen wir ihn mit der ganzen Gemeinde
durch Jesus Christus ewig und für alle Zeiten
loben und preisen.
3,20–21 (Hfa)

Er ist der Töpfer,
wir sind der Ton.
Er ist der Hirte,
wir sind die Schafe.

Josef hatte einen Anker im Sturm

*„Letzte Nacht hatte ich einen Traum", erzählte der Pharao
ihm, „und keiner kann mir sagen, was er bedeutet.
Doch ich habe gehört, dass du Träume deuten kannst,
deshalb habe ich dich rufen lassen."
„Es steht nicht in meiner Macht, das zu tun, Majestät",
antwortete Josef, „nur Gott kann es.
Aber er wird Ihnen sicher etwas Gutes ankündigen." …
Und er wandte sich an Josef und sagte:
„Da Gott dir die Bedeutung der Träume offenbart hat,
musst du der weiseste Mann im ganzen Land sein!
Hiermit ernenne ich dich zu meinem Stellvertreter.
Mein Volk soll deinen Anweisungen gehorchen.
Nur ich allein werde im Rang noch über dir stehen."*
1. Mose 41,15–16.39–40 (NL)

Josef war so eine Art wandelnde Piñata, auf die jeder eindrosch – seine eifersüchtigen Brüder, die ihn in die Sklaverei verkauften; Potifars Frau mit ihrem unmoralischen Angebot, die ihn ins Gefängnis brachte; der Mundschenk, der sein Versprechen nicht hielt, sodass er im Gefängnis bleiben musste. Josef strauchelte, aber er fing sich wieder. (Hier bitte Filmmusik aus Rocky einspielen.) Durch Gottes Kraft kam er wieder auf die Beine, stärker als je zuvor, und zwar am Hofe des Pharaos.

Welch ein Gegensatz. Pharao, der König – Josef, der ehemalige Hirtenjunge. Pharao, der Großstädter – Josef, der Junge vom Land. Pharao, der Palastbewohner – Josef, der Gefängnisinsasse. Der Pharao trug Goldketten – Josef Narben von eisernen Ketten. Der Pharao hatte seine Armeen und Pyramiden – Josef ein geliehenes Gewand und einen fremdländischen Akzent.

Das beindruckte den Häftling aber nicht. Er hörte sich an, wovon der Herrscher geträumt hatte, und machte sich sofort an die Arbeit. Er musste noch nicht einmal Berater konsultieren oder im Kaffeesatz lesen. Es war ganz einfach, wie Grundrechnen für einen Harvard-Professor. „Rechnet mit sieben Jahren Überfluss und sieben Jahren Hungersnot." Niemand, auch nicht der Pharao, wusste darauf eine Antwort. „Hungersnot" war in Ägypten ein Unwort. Dort wurden keine Autos hergestellt oder billige T-Shirts für den Welthandel produziert. Die Zivilisation gründete sich auf Landwirtschaft. Seine reichen Ernten machten Ägypten zum Juwel am Nil. Die Landwirtschaft machte den Pharao zum mächtigsten Mann der Welt. Eine einmonatige Dürreperiode würde der Wirtschaft empfindlichen Schaden zufügen. Eine einjährige Dürreperiode würde die Stellung des Pharaos schwächen, dem die Felder am Nil gehörten. Eine siebenjährige Dürreperiode würde den Nil zu einem dünnen Rinnsal und die Getreidehalme zu dürren Stängeln machen. Eine Hungersnot war für den Pharao das, was für die Scheichs heutzutage Elektroautos sind: der Weltuntergang!

Im Thronsaal war es so still, dass man eine Stecknadel hätte fallen hören können. Josef machte sich das Schweigen zunutze, um eine Lösung vorzuschlagen. „Richtet ein Landwirtschaftsministerium ein, und beauftragt einen klugen Mann damit, in den guten Jahren Getreide einzulagern und es in den mageren Jahren zu verteilen."

Die Hofbeamten mussten angesichts von Josefs Unverfrorenheit schlucken. Es war schon schlimm genug, dem Pharao mit schlechten Nachrichten zu kommen, aber ihm dann auch noch unaufgefordert Ratschläge zu erteilen … Aber seit der Kerl den Palast betreten hatte, hatte er nicht das leiseste Anzeichen von Furcht gezeigt. Er hatte dem König nicht gehuldigt. Er war den Wahrsagern und Gelehrten nicht mit Ehrerbietung begegnet. Er hatte weder Ringe noch Füße geküsst. Geringere hätten sich auf den Boden gekauert, aber Josef stand da, ohne mit der Wimper zu zucken.

Und noch ein Gegensatz: Der mächtigste Mann im Saal, der Pharao (Herrscher am Nil, Gottheit, das höchste Tier des Pyramidenvolkes), brauchte jetzt dringend einen Schnaps. Der Unterste in der Hackordnung, Josef (Exsklave, Häftling, angeblicher Sexualverbrecher) blieb cooler als die Oberseite der Bettdecke.

Worin lag der Unterschied?

Im Fundament. In seinem tief verwurzelten Glauben an Gottes Allmacht. Das spüren wir schon beim ersten Satz seiner Antwort. „Nicht ich! … Die Antwort kommt von Gott" (1. Mose 41,16; GN).

Als Josef zum zweiten Mal spricht, sagt er: „Damit will Gott dem Pharao ankündigen, was er in Kürze geschehen lässt" (Vers 28). Dann fährt Josef mit der Auslegung der Träume fort und erklärt dem Pharao: „Gott ist fest entschlossen, seinen Plan unverzüglich auszuführen" (Vers 32).

In drei Versen weist Josef viermal auf Gott hin! Er hatte seinen inneren Kompass nach dem göttlichen Polarstern ausgerichtet. Er lebte in dem Bewusstsein, dass Gott handelt, alles kann und etwas Großes vorhat.

Und Josef hatte recht. Der nächste Befehl des Pharao brachte eine verblüffende Wende herbei. „In diesem Mann ist der Geist Gottes. So einen finden wir nicht noch einmal" (1. Mose 41,38). Er überließ Josef sein Königreich. Zu guter Letzt fuhr der Junge aus Kanaan im Wagen des Königs und kam gleich an zweiter Stelle hinter dem Pharao. Was für eine unerwartete Wendung.

In dem Chaos von Josefs Leben zähle ich ein gebrochenes Versprechen, mindestens zweimal Verrat, mehrere Hassattacken, zwei Entführungen, mehrere versuchte Verführungen, zehn eifersüchtige Brüder und mindestens einen Fall von schlechter Erziehung. Missbrauch. Ungerechtfertigte Gefängnisstrafe. Zwei Jahre Knastfraß. Man nehme es, mische es gut durch und lasse es dreizehn Jahre ziehen. Was kommt dann heraus? Das großartigste Stehaufmännchen der Bibel! Jakobs vergessener Sohn wurde zum zweitmächtigsten Mann im mächtigsten Land der Erde. Der Weg in den Palast war nicht kurz oder schmerzlos, aber würden Sie nicht auch sagen, dass Gott aus diesem Chaos etwas Gutes gemacht hat?

Und glauben Sie nicht auch, dass er bei Ihnen das Gleiche tun kann? Rechnen Sie einmal den Schmerz aus Ihrer Vergangenheit zusammen. Verrat plus Wut plus Tragödien. Schlechtes Elternhaus? Fälschlich angeklagt? Unsittlich berührt? Wie beschwerlich das Leben doch sein kann.

Aber stellen Sie sich einmal folgende Frage: Hat Josefs Gott auch heute noch alles in der Hand? Ja! Kann er das Gleiche für Sie tun, was er auch für Josef getan hat? Ja! Könnte das Böse, das Sie verletzen sollte, dazu beitragen, dass Sie zu dem Menschen werden, den Gott aus Ihnen machen möchte? Ja! Irgendwann – vielleicht in diesem Leben, aber ganz sicher im nächsten – werden Sie den Schutt Ihres Lebens zusammenrechnen und als Summe darunter schreiben: alles gut.

Gott kann aus deinen Problemen und Kämpfen etwas Gutes machen.

*Befiehl dem Herrn deine Wege und hoffe auf ihn,
er wird's wohlmachen.*
Psalm 37,5 (LÜ)

Das Leben versetzt uns immer wieder wilde Faustschläge – ein rechter Haken der Ablehnung, ein unerwarteter Schlag des Verlusts. Feinde treffen uns unterhalb der Gürtellinie. Katastrophen bringen uns aus dem Gleichgewicht. Wir beziehen ganz schön Prügel.

Manche Menschen werden einmal niedergeschlagen und stehen nie wieder auf. Sie bleiben auf der Matte liegen – geschlagen, verbittert, zerbrochen. Sie werden ausgezählt. Aber andere sind wahre Stehaufmännchen.

Wenn Gott aus einem Häftling einen Prinzen machen kann, könnte er dann nicht auch aus deinem Chaos etwas Gutes machen?

Richards Geschichte

Am 27. August 2008 veränderte ein Arbeitsunfall für immer mein Leben – zum Besseren.

Ich war seit über acht Jahren auf einen Elektrorollstuhl angewiesen und gerade auf dem Weg von der Kantine zurück ins Büro, als der Rollstuhl abrupt zum Stehen kam. Leider schleuderte mich der Vorwärtsdrall auf den Asphalt und ich brach mir den linken Oberschenkel. Dieser Unfall zog eine lange Serie von Schmerzen und Schweiß, aber auch Inspiration und Heilung nach sich, was sich bis heute fortsetzt.

Ich musste damals neuneinhalb Monate im Krankenhaus verbringen. Warum so lange? Einer der Gründe war der, dass ich am Ende der ersten Operation, die das gebrochene Bein wieder richten sollte, auf dem Operationstisch „starb". Der Anästhesist, der mein Herz wieder zum Schlagen gebracht hatte, besuchte mich am nächsten Tag auf der Intensivstation und legte mir nahe, den Rest meines Lebens alle Operationen zu vermeiden. Doch aufgrund von Infektionen und anderem musste ich mich noch sechs weitere Male einer Operation unterziehen, bevor ich nach Hause konnte.

Nachdem ich dann sieben Tage zu Hause war, brach ich mir das Bein erneut und musste für eine weitere Operation ins Krankenhaus – die achte. Dieses Mal richtete ein hervorragender Chirurg – der auch Christ war – meinen

Oberschenkel mithilfe eines Titannagels. Das löste wohl die Probleme endgültig. Damals verbrachte ich also insgesamt elf Monate – also fast ein ganzes Jahr – in verschiedenen Krankenhäusern und fehlte vierzehn Monate auf der Arbeit.

Während all dieser Zeit der Torturen fragten mich viele Menschen: „Wie kannst du dabei so eine positive Einstellung behalten?" Manche wollten sogar wissen: „Wie kannst du dabei nicht den Verstand verlieren?"

Was mich so positiv gestimmt bleiben ließ, war mein fester Glaube daran, dass Gott einen Plan für unser aller Leben hat. Als Christ wusste ich die ganze Zeit, dass Jesus für mich ein Zuhause im Himmel hat. Da er mich jedoch noch nicht zu sich holte, da er weiterhin jedes Mal, wenn ich mich einer dieser Operationen unterzog, mein Leben verschonte, musste es einen Grund geben, dass ich noch weiterleben sollte.

Doch ich will auch nicht lügen. Viele Male, zu viele, um sie zu zählen, fragte ich mich auch, warum ich mich überhaupt damit abmühte, wieder gesund zu werden. Aufzugeben wäre so viel einfacher gewesen.

Aber das ließ Gott nicht zu. Er zeigte mir zum Beispiel, wie sehr ich geliebt wurde. Die große Unterstützung, die ich von meiner Frau und meiner Familie erhielt, war bemerkenswert. Ihre Fürsorge und ihre Gebete halfen mir weiterzumachen. Es gab auch eine große Gruppe von Christen, die mich oft besuchten und permanent für meine Gesundung beteten – sie kamen über 300-mal vorbei!

Deshalb kann ich Ihnen mit absoluter Sicherheit sagen, dass Gott Sie durch die Situation, mit der Sie gerade konfrontiert sind, hindurchtragen wird. Gott hat mich hindurchgetragen. Vertrauen Sie ihm. Er wird Sie nicht enttäuschen.

Schönheit in allen Dingen

Ist Gott immer gut?

Wenn das Krebsgeschwür schrumpft, sagen wir: „Gott ist gut."

Wenn wir eine Gehaltserhöhung bekommen, sagen wir: „Gott ist gut."

Wenn wir einen Studienplatz bekommen oder unsere Lieblingsmannschaft gewinnt, sagen wir: „Gott ist gut."

Würden wir unter anderen Umständen das Gleiche sagen? Tun wir das? Sagen wir es auf dem Friedhof genauso wie auf der Säuglingsstation? Im Arbeitsamt oder an der Supermarktkasse? Dann, wenn wir alles haben, oder auch, wenn es wirtschaftlich bergab geht? Ist Gott immer gut?

Für meine Freunde Brian und Christyn Taylor ist diese Frage nicht länger rein akademischer Natur. Im vergangenen Jahr war ihre siebenjährige Tochter mehr als sechs Monate im Krankenhaus und wurde wegen einer Erkrankung der Bauchspeicheldrüse sechsmal operiert. Brians Arbeitsstelle wurde gestrichen, mehrere Angehörige starben und bei einem weiteren Familienmitglied hatte man einen Gehirntumor diagnostiziert. Christyn war mit ihrem vierten Kind schwanger. Das Leben war hart. Sie schrieb in einem Blog:

Die zahlreichen Krankenhausaufenthalte meiner Tochter waren ermüdend, aber ich hielt an meinem Glauben fest. Dass in Brians Familie einer nach dem anderen starb und jetzt beim letzten Verwandten auch noch ein Gehirntumor im Endstadium diagnostiziert worden war, war für uns unfassbar, aber ich hielt an meinem Glauben fest. Als ich wegen einer Plazentaablösung siebeneinhalb Wochen ins Krankenhaus musste, hatte ich Angst, aber ich hielt an meinem Glauben fest. Ich hielt daran fest, dass Gott alles zu meinem Besten wirkt, und auch wenn ich die Prüfungen nicht verstand, vertraute ich doch auf Gottes größeren Plan, den wir nicht erkennen können.

Gott und ich hatten eine Abmachung: Ich würde alle Prüfungen ertragen, solange er meine äußerste Grenze respektierte. Er wusste, wo diese Grenze war, und ich wusste in meinem Innersten, dass er sie niemals überschreiten würde.

Er tat es dennoch. Ich brachte ein totes Mädchen zur Welt. Meine Tochter Rebecca lag währenddessen immer noch zu Hause im Bett und wurde künstlich ernährt, und es war noch nicht sicher, ob sie jemals wieder ganz gesund werden würde. Für mich war es eine abgemachte Sache, dass dieses Kind, das wir uns so sehr gewünscht hatten und so sehr liebten, gerettet würde. Das wurde es aber nicht. Meine Grenze war überschritten. Meine einseitige Abmachung mit Gott war geplatzt.

In diesem Augenblick veränderte sich alles. Die Angst kam und mein Glaube schwand. Meine „Sicherheitszone" als Christ war nicht mehr sicher. Wenn so etwas mitten in unseren größten Anfechtungen passieren konnte, dann konnte alles passieren. Zum ersten Mal in meinem Leben überkam mich Angst.

Ich habe wochenlang versucht herauszufinden, warum ein Gott, den ich so liebe, zulassen konnte, dass meiner Familie gerade zu diesem Zeitpunkt so etwas zustieß. Der einzige Schluss, zu dem ich kam, war: Ich musste meine Grenze aufgeben. Ich musste mein gesamtes Leben Gottes Kontrolle überlassen, auch noch den kleinsten Bereich, egal, was dabei herauskam.

Meine Familie ist in Gottes Hand. Es gibt keine Grenzen und Abmachungen mehr. Ich habe unser Leben an Gott abgegeben. Wo Panik herrschte, ist jetzt Frieden eingekehrt, und Ruhe herrscht, wo einst Sorge war.

Früher oder später kommen wir alle an diese Weggabelung. Ist Gott gut, wenn das Ergebnis nicht gut ist? Wir müssen eigentlich nur eines tun: entscheiden, ob wir Gott vertrauen oder uns von ihm abwenden. Er wird unsere Grenzen überschreiten. Er wird unsere Erwartungen sprengen. Und dann müssen wir eine Entscheidung treffen.

In stürmischen
Zeiten muss
man manchmal
Entscheidungen
treffen, die nur
auf einem basieren:
dem Vertrauen
auf Gott.

Garys Geschichte

Es kommt mir so vor, als hätte Gott von Beginn meines Lebens an versucht, meine Aufmerksamkeit auf sich zu ziehen. Durch die Schulzeit und das College hindurch und während meiner 21 Ehejahre war er mir nah, doch ich wollte nichts von ihm wissen. Ich meinte, dass ich besser wüsste, wie ich mein Leben zu leben hätte. Ich brauchte weder Gott noch irgendein „religiöses Leben" oder irgendetwas von dem, was die Menschen so in der Kirche taten.

Heute danke ich Gott dafür, dass er so geduldig war. Er ließ mich den Weg der Zerstörung gehen, denn er wusste, dass das der einzige Weg war, um diesen Mann, der so voller Stolz war, auf die Knie zu bringen. Gott wusste, nur wenn er mich tief fallen ließe, würde ich hochblicken.

Nach 21 Jahren Ehe hatte meine Frau so die Nase voll von meiner ständigen Besserwisserei, davon, dass ich immer tat, was ich wollte, und das für richtig hielt, und mir von keinem etwas sagen ließ, dass sie um die Scheidung bat. Mir passierte also das Unglaubliche: Ich machte eine Scheidung durch – was zum Einbruch des Geschäfts führte und schließlich mit einer Insolvenz endete. Ich war völlig am Ende! Ich hatte keine Frau, keine Familie, keine Firma, kein Geld, keine Freunde – und am schlimmsten: keine Beziehung zu Jesus.

Wie konnte mir das nur passieren? Ich versuchte, Antworten zu finden. Zu diesem Zeitpunkt führte Gott eine gläubige Frau in mein Leben. Sie gab mir die Aufnahme einer Predigt ihres Pastors, und als ich mir diese anhörte, ging mir ein Licht auf. Am nächsten Sonntag ging ich mit in ihre Gemeinde und – stellen Sie sich das mal vor – in der Predigt des Pastors ging es um „Die Rolle des Manns in der Ehe". Gottes Zeitplan ist wirklich perfekt. Ich war seit Jahren nicht mehr im Gottesdienst gewesen, aber am ersten Sonntag, an dem ich wieder dort war, hatte mein himmlischer Vater eine besondere Predigt nur für mich.

Am darauffolgenden Dienstagmorgen, als ich um 5:30 Uhr wie üblich joggte, gab Gott mir zu verstehen, dass ich ihm mein Leben anvertrauen sollte. Ich antwortete laut: „Du musst aber auch zu hundert Prozent Wirklichkeit sein – sonst will ich nichts mit dir zu tun haben." Über die Jahre hatte ich einfach zu viele Menschen getroffen, die zwar von sich behaupteten, Christen zu sein, aber im Grunde bloß Kirche „gespielt" hatten. Ich wollte eine echte, persönliche Beziehung zu Gott – oder gar nichts.

Und so nahm ich mit 43 Jahren Gottes Gnade und Güte in Anspruch. Ich bekannte ihm meine Sünden und lud Jesus Christus an diesem Morgen in mein Leben ein.

Der Rest ist, wie man so schön sagt, Geschichte. Ich habe heute eine enge Beziehung zu Gott. Er schenkte mir echten Hunger nach seinem Wort. Ich studierte es, um ihn so besser kennenzulernen. Er segnete mich mit einer gläubigen Ehefrau, von der die meisten Männer nur träumen können, und mit sieben Enkelkindern. Ich hatte die wunderbare Gelegenheit, vier von ihnen zu Jesus zu führen, und ich bin zuversichtlich, dass die anderen drei auf dem Weg dahin sind.

Was immer Sie gerade durchmachen: Sie dürfen darauf vertrauen, dass Gott Sie da auf jeden Fall hindurchtragen wird. Vertrauen Sie Gott jeden Tag, ja jede Stunde und jede Minute neu. Welche schweren und schmerzhaften Dinge Sie auch durchmachen: Er kann und wird an Ihrer Seite sein und Sie hindurchführen.

Er ist mir nahe, das ist mir immer bewusst.
Er steht mir zur Seite, ich fühle mich ganz sicher.
Psalm 16,8 (GN)

Gott allein ist der Herr über alles!
Gibt es außer ihm noch einen,
der so stark und unerschütterlich ist wie ein Fels?
Psalm 18,32 (Hfa)

Was wir jetzt leiden müssen,
dauert nicht lange und ist leicht zu ertragen
in Anbetracht der unendlichen,
unvorstellbaren Herrlichkeit, die uns erwartet.
2. Korinther 4,17 (Hfa)

Der Herr ist denen nahe, die verzweifelt sind,
und rettet jeden, der alle Hoffnung verloren hat.
Psalm 34,19 (Hfa)

Wie kostbar sind deine Gedanken über mich, Gott!
Es sind unendlich viele.
Wollte ich sie zählen,
so sind sie zahlreicher als der Sand!
Und wenn ich am Morgen erwache,
bin ich immer noch bei dir!
Psalm 139,17–18 (NL)

In Reichtum und Armut

Gott hat Ihnen gezeigt, was er tun wird.
In den nächsten sieben Jahren wird es in ganz Ägypten
reiche Ernten geben. Nach ihnen werden jedoch sieben Jahre
des Hungers kommen. Sie werden so schwer sein,
dass der Überfluss vergessen sein wird.
Der Hunger wird das Land aufzehren.
1. Mose 41,28–30 (NL)

Wenn das Leben nicht gut ist, was sollen wir dann von Gott halten? Wo ist er dann?

Josefs Antwort an den Pharao hilft uns hier weiter. Wir verstehen Josef normalerweise nicht als Theologen. Zumindest nicht so wie Hiob, der Leidende, oder Paulus, der Apostel. Das liegt unter anderem daran, dass nicht viel von dem überliefert ist, was er gesagt hat. Aber die wenigen Worte, die wir von ihm haben, zeigen, dass er ein Mann war, der darum gerungen hat, Gottes Wesen zu verstehen.

Dem König erklärte er:

Aber dann kommen sieben Hungerjahre,
da wird es mit dem Überfluss vorbei sein;
man wird nichts mehr davon merken,
und drückende Hungersnot wird im Land herrschen.

*Dass der Pharao zweimal das Gleiche geträumt hat,
bedeutet: Gott ist fest entschlossen,
seinen Plan unverzüglich auszuführen.*
1. Mose 41,30–31 (GN)

Für Josef lag beides in Gottes Hand – sowohl die Zeit des Überflusses als auch die Zeit des Mangels. Beides war Gottes Entschluss.

Wie konnte das sein? War Gott der Verursacher der Katastrophe?

Natürlich nicht. Gott erschafft niemals Böses oder bedient sich seiner. „Es ist nicht möglich, dass Gott Unrecht tut, dass der Gewaltige das Recht verdreht!" (Hiob 34,10; GN; siehe auch Jakobus 1,17). Er ist das Gute schlechthin. Wie kann der, der das Gute ist, etwas Böses erfinden?

Und seine Macht ist uneingeschränkt. Die Bibel schreibt Gott immer wieder die absolute Kontrolle über alles zu. „Der höchste Gott allein ist Herr über alle Menschen, und er gibt die Herrschaft, wem er will" (Daniel 5,21; GN). Gott ist gut. Gottes Macht ist uneingeschränkt. Wie können wir dieses Wissen dann mit Katastrophen in Einklang bringen?

Die Bibel macht das folgendermaßen. Sie sagt: Gott lässt sie zu. Dämonen bettelten Jesus bei einer Gelegenheit an, sie in eine Schweineherde fahren zu lassen, und „Jesus erlaubte es ihnen" (Markus 5,12–13; GN). Was die Menschen angeht, die sich gegen ihn erheben, sagt Gott: „Ich machte sie unrein … Ich wollte ihnen Entsetzen einjagen; denn sie sollten erkennen, dass ich der Herr bin"

(Hesekiel 20,26; EÜ). Das Gesetz des Alten Testamentes schreibt über das versehentliche Töten eines Menschen: „Hat er ihn aber nicht mit Absicht getötet, sondern es geschah durch einen Zufall, den ich, der Herr, geschehen ließ, dann soll er an einen Ort fliehen, den ich bestimmen werde" (2. Mose 21,13).

Manchmal lässt Gott tragische Ereignisse zu. Er lässt zu, dass der Boden austrocknet und die Halme verdorren. Er lässt zu, dass Satan Chaos verbreitet, aber er lässt nicht zu, dass Satan triumphiert. Ist das nicht die Verheißung, die wir auch im Brief an die Römer finden: „Was auch geschieht, das eine wissen wir: Für die, die Gott lieben, muss alles zu ihrem Heil dienen. Es sind die Menschen, die er nach seinem freien Entschluss berufen hat" (Römer 8,28; GN). Gott verspricht uns, aus „allem" etwas Gutes zu machen, dass aber nicht „jedes Ding" gut ist. Mit anderen Worten: Die einzelnen Ereignisse mögen schlecht sein, aber das Endergebnis wird gut sein.

Ich wünsche euch, dass der Gott des Friedens …
euch mit allem versorgt,
was ihr braucht, um seinen Willen zu tun.
Hebräer 13,20–21 (NL)

Stellen wir uns einmal vor, die Frau von Georg Friedrich Händel würde eine Seite aus dessen berühmtem Oratorium „Der Messias" finden. Das komplette Werk ist über zweihundert Seiten lang. Stellen Sie sich vor, sie würde eine Seite auf dem Küchentisch finden. Auf dieser Seite hätte ihr Mann nur einen Takt in einer Molltonart geschrieben, der für sich genommen gar nicht gut klingt. Stellen Sie sich vor, sie käme jetzt mit diesem misstönenden Bruchstück in sein Arbeitszimmer und sagte: „Diese Musik ergibt keinen Sinn. Du bist ein schlechter Komponist." Was würde er wohl denken?

Vielleicht das Gleiche, was Gott denkt, wenn wir das mit ihm machen. Wir deuten auf unsere Molltakte – unser krankes Kind, die Krücken, die Hungersnot – und sagen: „Das ergibt keinen Sinn!" Aber wie viele Aspekte seiner Schöpfung kennen wir denn? Und wie viele von seinen Werken begreifen wir wirklich? Nur einen Hauch. Es ist, als würden wir durch ein Schlüsselloch lugen. Wäre es möglich, dass es eine Erklärung für Leid gibt, die wir einfach nicht kennen, von der wir nichts wissen?

Lobpreis und Dank

Danke! Danke! Danke!

Vor Kurzem war ich zu einem Festessen eingeladen, bei dem ein Kriegsveteran ein Haus geschenkt bekam. Er überschlug sich fast vor Dankbarkeit. Auf seinem einen gesunden Bein hüpfte er auf die Bühne und umarmte stürmisch den Moderator, der ihm das Haus übergab. „Danke! Danke! Danke!" Er umarmte den Gitarristen der Band und die beleibte Frau in der ersten Reihe. Er dankte dem Kellner, den anderen Soldaten und dann wieder dem Moderator. Bis zum Ende der Feier hatte er sogar mir gedankt! Und dabei hatte ich gar nichts getan.

Sollten wir nicht genauso dankbar sein? Jesus baut uns ein Haus (Johannes 14,2). Unsere Besitzurkunde ist genauso real wie die jenes Soldaten.

Dankbare Menschen
sehen nicht so
sehr die Kissen,
die sie nicht haben,
als vielmehr
die Privilegien,
die sie haben.

Ayeshas Geschichte

Mein Mann war seit einem Jahr arbeitslos. Er war nicht gefeuert worden, sondern hatte freiwillig seinen Job gekündigt, weil er eine Zulassung zum Medizinstudium bekommen hatte. Nachdem er jedoch einen Monat lang zur Uni gegangen war, erkannten wir, dass das negative Auswirkungen auf unsere Ehe hatte. Aber er hatte schon ewig davon geträumt. Schon bei unserer ersten Unterhaltung hatte er ununterbrochen darüber gesprochen, Arzt zu werden; wie sehr er seine Patienten lieben würde und wie er sich ihnen widmen würde, als wären sie seine eigene Familie.

Ich werde nie den Tag vergessen, als mein Mann zu mir kam und meinte, dass Gott ihm gezeigt hätte, dass jetzt nicht die richtige Zeit für ein Medizinstudium wäre und dass er sich auf unsere Ehe konzentrieren sollte. Das war der Tag, an dem die Welt meines Mannes zerbrach. Sein lebenslanger Traum war zerplatzt und ich stand plötzlich mit einem enttäuschten, wütenden Ehemann da.

Wir zogen wieder bei seinen Eltern ein und versuchten trotz schlechter Wirtschaftslage vier Monate lang, einen Job zu finden. Für jemanden, der so gut ausgebildet war wie mein Mann, war es entmutigend, jedes Mal, wenn er sich bewarb, eine Absage zu erhalten.

Eine Zeit lang waren wir beide wütend über die Situation. Ich hatte immer gedacht, dass die Ehe eine tolle Sache wäre, bei der man viel Spaß hatte, während er dachte, dass er zumindest ein Semester hätte weitermachen sollen. Nachdem wir monatelang bei seinen Eltern gelebt und weder Fortschritte bei der Jobsuche noch in unserer Ehe gemacht hatten, entschieden wir, uns wieder auf Gott zu besinnen. Wir beschlossen, ihn trotz unserer Situation zu loben, statt ständig über das fehlende Geld zu jammern. Wir wollten ihn jetzt ernsthaft um seine Führung bitten und fragten ihn, welche Richtung wir als Nächstes einschlagen sollten. Als Gott uns zu verstehen gab, dass wir nach Texas ziehen sollten, war unsere erste Reaktion: „Auf keinen Fall!" Wir waren echte Nordstaatler und waren überrascht darüber, dass man im Süden offenbar alles auf den Grill schmeißen musste.

Trotz unserer Skepsis zogen wir nach Texas – ohne Jobs, aber zuversichtlich, dass Gott dort etwas für uns bereithielt. Ich bat Gott darum, dass ich innerhalb von zwei Wochen eine Arbeitsstelle und innerhalb eines Monats eine Wohnung finden würde – und Gott gab uns beides!

Während dieser Zeit wurde meinem Mann klar, dass das Medizinstudium für ihn zum Idol geworden war, das er loslassen musste. Eines Tages, als ich von der Arbeit nach Hause kam, sagte er zu mir: „Gott sagte, wenn ich studiere und ihm vertraue, wird er mir einen Job geben."

Ich versuchte, darauf zu vertrauen, aber er wurde drei weitere Monate bei jeder Bewerbung abgelehnt, und offene Stellen wurden immer rarer. Aber wir blieben zuversichtlich und hielten uns an unser Versprechen, Gott zu loben.

Vor Kurzem begann mein Mann mit dem naturwissenschaftlichen Teil seines Studiums – und eine Firma rief ihn wegen einer Stelle an! Ermutigt sagten wir im Gebet: Wir wollen diesen Job gerne annehmen, aber nur, wenn es Gottes Wille ist; wenn diese Stelle nicht seinem Willen entsprach, würden wir ohne sie glücklicher sein.

Und mein Mann bekam die Stelle!

*Dich, Herr, will ich loben von ganzem Herzen,
von all deinen Wundern will ich erzählen.*
Psalm 9,2 (NGÜ)

*Auf Gott will ich hoffen, denn ich weiß:
ich werde ihm wieder danken.
Er ist mein Gott, er wird mir beistehen!*
Psalm 43,5 (Hfa)

*Rufe mich an in der Not,
so will ich dich erretten und du sollst mich preisen.*
Psalm 50,15 (LÜ)

*Ich liebe den Herrn, denn er hört mich,
wenn ich zu ihm um Hilfe schreie.
Er hat ein offenes Ohr für mich;
darum bete ich zu ihm, solange ich lebe.*
Psalm 116,1–2 (GN)

*Danket dem Herrn; denn er ist freundlich,
und seine Güte währet ewiglich.*
Psalm 107,1 (LÜ)

*Dankt Gott, dem Vater, zu jeder Zeit für alles
im Namen unseres Herrn Jesus Christus.*
Epheser 5,20

Dankbarkeit hilft uns durch schwere Zeiten hindurch.

Sich an das Gute zu erinnern heißt, sich Gottes Taten immer wieder vor Augen zu führen.

Sich Gottes Taten vor Augen zu führen heißt, das zu entdecken, was ihm am Herz liegt.

Sein Herz zu entdecken heißt, nicht nur gute Gaben zu entdecken, sondern den guten Geber selbst.

Dankbar zu sein
ist eine Entscheidung

*Ein Jahr, bevor die Hungersnot kam,
wurden Josef zwei Söhne geboren. Asenat,
die Tochter Potiferas, des Priesters von On, gebar sie ihm.
Josef nannte den Erstgeborenen Manasse (Vergessling),
denn er sagte: Gott hat mich all meine Sorge
und mein ganzes Vaterhaus vergessen lassen.
Den zweiten Sohn nannte er Efraim (Fruchtbringer),
denn er sagte: Gott hat mich fruchtbar werden lassen
im Lande meines Elends.*

1. Mose 41,50–52 (EÜ)

Dankbarkeit kommt nicht von alleine. Selbstmitleid dagegen schon. Keiner muss uns daran erinnern, zu grollen und zu murren. Aber das verträgt sich nicht gut mit der Güte, die uns erwiesen wurde. Alles, was wir brauchen, ist bloß ein Teelöffel voll Dankbarkeit.

Josef nahm mehr als nur einen Teelöffel voll. Und er hatte allen Grund, undankbar zu sein: Verlassen. Versklavt. Verraten. Verloren in der Fremde. Aber so sehr wir auch nach dem kleinsten Hauch von Bitterkeit suchen, wir werden nichts finden.

Was wir allerdings bei ihm finden, sind zwei drastische Gesten der Dankbarkeit.

Die meisten Menschen geben sich viel Mühe, um den perfekten Namen für ihr Kind zu finden. Und Josef ebenfalls.

Es waren die Jahre des Überflusses. Gott hatte Josef mit einem Platz am Königshof belohnt und mit einer Frau. Nun konnte er eine eigene Familie gründen. Das junge Ehepaar machte es sich auf dem Sofa bequem und Josef streichelte Asenats immer runder werdenden Bauch. „Ich habe mir überlegt, wie wir das Kind nennen könnten."

„O Seppi, das ist schön. Ich auch. Ich habe sogar ein Namensbuch aus dem Supermarkt mitgebracht."

„Das brauchst du nicht. Ich habe schon einen Namen."

„Welchen denn?"

„‚Gott hat mich vergessen lassen'."

„Wenn er dich vergessen lässt, wie kannst du dem Kind dann einen Namen geben?"

„Nein, das ist der Name: ‚Gott hat mich vergessen lassen'."

Sie warf ihm diesen Blick zu, den ägyptische Frauen immer ihren hebräischen Männern zuwerfen. „‚Gott hat mich vergessen lassen'? Jedes Mal, wenn ich meinen Sohn rufe, soll ich ‚Gott hat mich vergessen lassen' sagen?" Kopfschüttelnd sagte sie den Namen vor sich hin. „‚Abendessen, Gott hat mich vergessen lassen. Komm rein und wasch dir die Hände, Gott hat mich vergessen lassen.' Ich weiß nicht, Josef. Ich dachte eher an Tut oder Ramses. Oder hast du schon mal an Max gedacht? So heißen nur ganz besondere Menschen."

„Nein, Asenat, ich habe mich schon entschieden. Jedes Mal, wenn mein Sohn beim Namen genannt wird, wird Gottes Name gelobt. Gott hat mich all den Schmerz und die Verletzungen vergessen lassen, die mir meine Brüder zugefügt haben, und ich will, dass alle wissen – dass Gott weiß –, ich bin dankbar dafür."

Offensichtlich konnte Frau Josef sich dann doch mit dem Gedanken anfreunden, denn ihren zweiten Sohn nannten sie und Josef ‚Gott hat mich fruchtbar werden lassen'. Der eine Name wies auf Gottes Gnade hin, der andere verkündete seine Güte.

Missys Geschichte

Meine Geschichte handelt von Enttäuschung und Hoffnung. Von Angst und Glauben.

Am 30. Mai 2007 beobachteten meine Kinder und ich, wie ihr Vater, mein Mann, mit seinem Flugzeug abhob, um zur Arbeit zu fliegen. Als Marineflieger und staatlicher Flugsicherheitsbegleiter war er oft unterwegs, und dieses Flugzeug ermöglichte ihm, schneller nach Hause zu kommen. Doch als er dieses Mal abgehoben hatte, fiel der Motor aus, und das Flugzeug stürzte über einem Hügel in der Nähe ab. Ich fiel auf meine Knie und schrie laut: „Bitte, Gott! Ich bin dafür nicht bereit!"

Der Sheriff, der vorbeikam, um mir die Neuigkeit zu überbringen, die ich im Grunde schon wusste, war zufällig mein ehemaliger Nachbar und einer der Prediger der örtlichen Gemeinde. Er betete mit mir. Rasch tauchten auch Freunde mit Essen auf und halfen mir im Haushalt. Während der nächsten Wochen kam glücklicherweise auch ein Freund, der mir bei den Formalitäten half. Andere unterstützten mich mit den Kindern. Zwei Schulen schütteten ihre Gebete und Liebe über uns aus, spendeten Geld, bis die finanziellen Angelegenheiten geklärt waren.

Als ich einmal auf der Bank Papierkram erledigen musste, betete ich im Aufzug. Ich wollte, dass alles glattging, denn ich war müde und hatte Angst vor dem, was mir bevorstand. Eine Bankangestellte erzählte mir später, sie käme normalerweise nicht in diesen Teil des Gebäudes, aber sie hatte den Eindruck gehabt, sie hätte einen „göttlichen Auftrag" zu erfüllen. Sie bekam zufällig ein Telefonat mit und erkannte, dass Gott sie geschickt hatte, um mit mir zu beten.

Dann war da noch eine Botschaft im christlichen Radiosender, den ich immer höre: „Wenn Sie das Gefühl haben, als könnten Sie keinen Schritt mehr machen, dann dürfen Sie gewiss sein, dass Gott doch da ist, um Sie zu tragen." Ich hörte diese Worte genau in dem Moment, als ich mit dem Auto an den Straßenrand gefahren war und exakt diese Worte laut gesagt hatte: „Ich kann keinen Schritt mehr machen."

Immer wieder hat Gott mich in den schwierigsten Momenten meines Kummers so sehr gesegnet, dass ich nicht anders konnte, als ihn zu loben. Er schenkte mir von dem Moment an Kraft, an dem das Flugzeug den Hügel traf, bis zu dem Moment, in dem ich diese Worte hier schreibe. Es ist wahr … Gott wird Sie auch durch Ihre Probleme hindurchtragen.

Dankbarkeit richtet
unseren Blick
immer auf Gott
und weg von der Angst.
Dankbarkeit ist
für die Angst das,
was die Morgensonne
für den Frühnebel ist:
Sie vertreibt ihn.

Wiederherstellung und Heilung

„Bei mir wird das aufhören"

Vor einigen Jahren wurde ein guter Freund von mir ins Leichenschauhaus gerufen, um den Leichnam seines Vaters zu identifizieren, der nachts von seiner Exfrau erschossen worden war. Die Schießerei war nur ein Ereignis in einer langen Reihe von Wutausbrüchen und familiären Szenen der Gewalt. Mein Freund erinnert sich noch heute daran, dass er damals neben dem Leichnam stand und beschloss: Bei mir wird das aufhören. (Und das tat es auch.)

Fassen Sie den gleichen Entschluss. Ja, es gibt einige traurige Kapitel in der Geschichte Ihrer Familie. Aber Ihre Vergangenheit muss nicht Ihre Zukunft sein. Das Unglück vergangener Generationen kann jetzt und hier enden. Sie müssen nicht an Ihre Kinder weitergeben, was Ihre Vorfahren an Sie weitergegeben haben.

Lasst euch von Gott durch Veränderung
eurer Denkweise in neue Menschen verwandeln.
Römer 12,2 (NL)

Sprechen Sie mit Gott über die Skandale und die Schurken in Ihrem Leben. Bitten Sie ihn, mit Ihnen zusammen das Erlebte noch einmal durchzugehen. Bringen Sie es ans Licht.

Das ist sicher schwierig. Aber lassen Sie Gott sein Werk tun. Es dauert vielleicht lange. Es dauert vielleicht ein Leben lang. Verletzungen, die einem Menschen durch die eigene Familie zugefügt wurden, sitzen am tiefsten, weil sie einem schon so früh zugefügt werden und weil sie von Menschen kommen, denen wir eigentlich vertrauen können sollten.

Sie schenkten ihrem falschen Urteil über Sie Glauben. Ihr ganzes Leben lang haben Sie mit diesen Fehlinformationen über sich selbst gelebt. „Du bist so dumm … so langsam … so blöd wie dein Vater … so fett wie deine Mutter …" Auch Jahrzehnte später hallen diese vernichtenden Sätze immer noch in Ihrem Unterbewusstsein wider.

Aber das muss nicht sein! „… lasst euch von Gott durch Veränderung eurer Denkweise in neue Menschen verwandeln" (Römer 12,2; NL). Sie sind nicht das, was andere von Ihnen behauptet haben. Sie sind Gottes Kind. Seine Schöpfung. Auserwählt für den Himmel. Sie sind Teil seiner Familie.

Aber verzweifle auch nicht.

Jessicas Geschichte

Ich bin in einem wunderbaren christlichen Zuhause aufgewachsen. Meine Eltern nahmen mich mit in die Gemeinde, erzählten mir von Gott und lehrten mich, andere bedingungslos zu lieben. Bis heute bin ich sehr dankbar für die solide Glaubensgrundlage, die Gott und meine Eltern bei mir gelegt haben. Gott wusste, dass ich einen steinigen Weg vor mir hatte, und er bereitete mich darauf vor. Er ließ sogar zu, dass ich Schlimmes durchmachen musste, damit ich eines Tages eine Botschaft, ein Zeugnis haben würde, das mir und anderen Gottes große Herrlichkeit zeigen würde.

Es war so: Als ich sieben war, wurde mir meine Unschuld genommen. Zu diesem Zeitpunkt begann der Missbrauch durch ein Familienmitglied. Glücklicherweise zog meine Familie eineinhalb Jahre später ans andere Ende des Landes. Ich dachte, dass der Missbrauch jetzt hinter mir läge, dass ich mit meinem Leben weitermachen und die Sache einfach vergessen könnte. Doch das war nicht der Fall.

Ich hatte niemand von dem Missbrauch erzählt und viele Jahre tat ich das auch nicht. Und während dieser Zeit ließ Gott zu, dass ich in viele andere schwierige Situationen geriet. Ich ertrank fast beim Wildwasserrafting, wurde bei einem Raubüberfall in einem Fast-Food-Restaurant als Geisel genommen und von einem Freund vergewaltigt, der mir vorher noch erzählt hatte, dass er in der folgenden Woche getauft werden wollte, und heiratete schließlich einen Mann, der nach der Hochzeit verbal und körperlich ausfällig wurde und immer wieder fremdging.

Während all dieser traumatischen Erfahrungen lernte ich, meine Gefühle, meine Unsicherheit, meine Scham und meinen Schmerz zu verbergen. Ich lernte, eine Maske aufzusetzen, und wandte mich von Gott ab. Kein Wunder, dass ich mich in einer Abwärtsspirale der Zerstörung befand. Die Wende kam, als bei meinem Vater Bauchspeicheldrüsenkrebs diagnostiziert wurde. Ich beschloss sofort, zu ihm zu ziehen, um mich um ihn zu kümmern. Neun Monate nach der Diagnose starb er. Gott gebrauchte die Mitglieder der Gemeinde meiner Eltern, um mir seine Liebe zu zeigen. Gott half mir auch, ein Lied für die Beerdigung meine Vaters zu schreiben: „Segen in der Tragödie."

Ein paar Monate nach dem Tod meines Vaters zeigte Gott mir, dass ich in eine neue Stadt ziehen sollte, um mein Leben neu zu beginnen. Ich lebe jetzt schon seit zwei Jahren hier und Gott ist auf erstaunliche Weise in meinem Leben am Werk. Ich bin geschieden, mache eine Ausbildung zur staatlich examinierten Krankenschwester und bin vollzeitlich tätig. Gott hat Menschen in mein Leben gestellt, die mir dabei helfen, alles aus einer anderen Perspektive zu betrachten. Ich begreife nun, dass sich Gott mit seiner unendlichen Macht in den schwierigsten Situationen zeigen und sie in etwas Wunderbares verwandeln kann.

Ich bin immer noch „in Arbeit", aber ich bin voller Hoffnung, denn ich weiß, dass Gott mit mir noch nicht fertig ist. Die heilende Veränderung, die erfolgen muss, wenn man Leid und Schmerzen durchlitten hat, ist nicht einfach und erfolgt nicht schnell, aber Gott wird uns da hindurchhelfen. Ich bin ihm über alles dankbar, denn ich weiß, dass ich ein ganz schönes Häufchen Elend war, bevor er wieder in mein Leben kam.

*Denn was wir sind, ist Gottes Werk;
er hat uns durch Jesus Christus dazu geschaffen,
das zu tun, was gut und richtig ist.
Gott hat alles, was wir tun sollen, vorbereitet;
an uns ist es nun, das Vorbereitete auszuführen.*
Epheser 2,10 (NGÜ)

*Wer euch antastet,
tastet meinen kostbarsten Besitz an.*
Sacharja 2,12 (NL)

*Dann betest du zu Gott und wirst gehört;
voll Freude trittst du hin vor deinen Herrn,
der dich nun wieder angenommen hat.*
Hiob 33,26 (GN)

*Ich weiß genau, an wen ich glaube.
Ich bin ganz sicher, dass Christus mich und all das,
was er mir anvertraut hat,
bis zum Tag seines Kommens bewahren wird.*
2. Timotheus 1,12 (Hfa)

*Und der, der auf dem Thron saß, sagte:
„Ja, ich mache alles neu!"
Und dann sagte er zu mir:
„Schreib es auf, denn was ich dir sage,
ist zuverlässig und wahr!"*
Offenbarung 21,5 (NL)

Versöhnung ist Gott wichtig

*Als Jakob erfuhr, dass es in Ägypten Getreide
zu kaufen gab, sagte er zu seinen Söhnen:
„… Reist hin und kauft uns welches,
sonst werden wir noch verhungern!"
Da reisten die zehn Brüder Josefs nach Ägypten …
Josef war der Machthaber im Land;
wer Getreide kaufen wollte, musste zu ihm gehen.
Als nun seine Brüder hereinkamen und sich vor ihm
zu Boden warfen, erkannte er sie sofort.
Er ließ sich aber nichts anmerken
und behandelte sie wie Fremde.*

1. Mose 42,1–3.6–7 (GN)

Anfänglich zog Josef es vor, sich nicht mit seiner Vergangenheit auseinanderzusetzen. Als er dann seine Brüder wiedersah, war er schon fast zehn Jahre lang Premierminister von Ägypten gewesen. Josef konnte gehen, wohin er wollte, aber er entschied sich, nicht nach Kanaan zurückzukehren. Mit einer ganzen Armee losmarschieren, seine Brüder angreifen und die offene Rechnung begleichen? Er hätte die Möglichkeit dazu gehabt. Seinen Vater holen zu lassen? Oder ihm zumindest einen Boten zu schicken? Er hatte mindestens acht Jahre Zeit gehabt, um die Sache zu bereinigen. Er wusste, wo seine Familie war, aber er zog es vor, keinen Kontakt zu haben. Er behielt seine Familiengeheimnisse für sich. Unangetastet und unverarbeitet. Josef zog es vor, die Vergangenheit vergangen sein zu lassen.

Aber Gott nicht. Für ihn ist Wiederherstellung wichtig. Zu einem geheilten Herzen gehört eine geheilte Vergangenheit. Also brachte Gott die Dinge ein bisschen in Bewegung.

„Deshalb kamen Leute aus aller Welt nach Ägypten zu Josef, um Getreide zu kaufen; denn überall herrschte Hungersnot" (1. Mose 41,57; GN). Und schau an, wer dort in der langen Schlange der Bittsteller auftauchte, die für Almosen anstanden: „Da reisten die zehn Brüder Josefs nach Ägypten" (1. Mose 42,3; GN).

Josef hörte sie schon, bevor er sie sah. Er beantwortete gerade die Frage eines Dieners, als er hebräisches Plaudern vernahm. Und zwar nicht nur die Sprache seines Herzens, sondern auch noch den Dialekt seiner Heimat. Der Prinz bedeutete dem Diener zu schweigen. Er wandte sich um, um nachzusehen, woher die Stimmen kamen. Und dort standen sie.

Seine Brüder hatten weniger und grauere Haare und rissige Haut. Sie sahen blass aus und abgemagert vor Hunger. Die verschwitzte Kleidung klebte ihnen an den Beinen und der Straßenstaub im Gesicht. Die Hebräer stachen im vornehmen Ägypten heraus wie Hinterwäldler am Time Square. Als sie an der Reihe waren, erkannten sie Josef nicht. Er hatte sich seinen Bart abrasiert, trug königliche

Gewänder und sprach Ägyptisch. Seine Augen waren schwarz umrahmt. Er trug eine schwarze Perücke, die wie ein Helm auf seinem Kopf saß. Sie wären niemals auf die Idee gekommen, dass sie vor ihrem kleinen Bruder standen.

Weil sie dachten, der Prinz verstünde kein Hebräisch, verständigten sie sich mit Gesten und Blicken. Sie deuteten auf die Getreideähren und dann auf ihre Münder. Sie winkten den Bruder herbei, der das Geld dabeihatte. Er kam nach vorne und schüttete die Münzen auf den Tisch.

Als Josef das Silber sah, verzog sich sein Mund – und sein Magen. Er hatte seinen Sohn „Gott hat mich vergessen lassen" getauft, aber das Geld erinnerte ihn doch an etwas. Das letzte Mal, als er Münzen in den Händen seiner älteren Brüder gesehen hatte, hatten sie gelacht, und er hatte geweint. An jenem Tag im sprichwörtlichen Loch hatte er in ihren Gesichtern nach ein wenig Freundlichkeit gesucht, aber nichts gefunden. Und jetzt wagten sie, ihm Silber zu bringen?

Josef ließ einen Hebräisch sprechenden Diener als Dolmetscher kommen. Und dann starrte er seine Brüder finster an. „Er ließ sich aber nichts anmerken und behandelte sie wie Fremde" (Vers 7; GN).

Ich stelle mir immer vor, dass er mit dem Tonfall eines Nachtwächters sprach, der aus seinem mitternächtlichen Nickerchen gerissen wird. „Wer seid ihr? Wo kommt ihr her?" Seine Brüder fielen vor ihm nieder, was Josef an einen Traum aus seiner Kindheit erinnerte.

„Äh, wir kommen von weiter nördlich, aus Kanaan. Vielleicht habt Ihr ja schon davon gehört?"

Josef funkelte sie an. „Quatsch, das glaube ich euch nicht. Wachen! Verhaftet diese Spione! Sie sind doch nur deshalb hier, um unser Land zu infiltrieren."

Dann redeten die zehn alle auf einmal. „Ihr irrt Euch, Euer Hochwohlgeboren. Wir sind Salz der Erde. Wir gehören alle zur gleichen Familie. Das da drüben ist Simeon. Das ist Juda … Wir sind eigentlich zu zwölft. Zumindest waren wir das mal. Der Jüngste blieb bei unserem Vater, und einer ist tot" (Vers 13; GN).

Josef musste bei diesen Worten schlucken. Das war das erste Mal in zwanzig Jahren, dass er von seiner Familie hörte. Jakob lebte. Benjamin lebte. Und sie dachten, er sei tot.

„Wisst ihr was?", sagte er mit schneidender Stimme. „Ich lasse einen von euch zurückgehen, damit er den Bruder herbringt. Den Rest von euch werfe ich so lange ins Gefängnis."

Mit diesen Worten ließ Josef ihnen die Hände fesseln. Dann nickte er kurz und sie wurden ins Gefängnis gebracht. Vielleicht das gleiche Gefängnis, in dem auch er mindestens zwei Jahre seines Lebens verbracht hatte.

Welch eine seltsame Entwicklung der Ereignisse. Die barsche Stimme, die schroffe Behandlung. Die Gefängnisstrafe. So einfach weggeschickt. Genau das Gleiche haben wir mit Josef und seinen Brüdern schon einmal erlebt, nur waren die Rollen damals umgekehrt. Damals hatten sie sich gegen ihn verschworen, jetzt hatte er sich gegen sie verschworen. Sie waren wütend auf ihn gewesen, jetzt drehte er den Spieß um. Sie hatten ihn in ein Loch geworfen und seine Hilferufe ignoriert. Jetzt war er an der Reihe, ihnen die kalte Schulter zu zeigen. Was war da los?

Ich glaube, er musste erst einmal nachdenken. Diese Situation war die größte Herausforderung seines Lebens. Die Hungersnot war dagegen ein vergleichsweise einfaches Problem. Frau Potifars Verführungen hatte er widerstehen können. Die Aufgaben, die der Pharao ihm stellte, konnte er lösen. Aber diese Mischung aus Verletztheit und Hass, die in ihm aufstieg, als er sein eigen Fleisch und Blut sah? Josef wusste nicht, was er tun sollte.

Vielleicht geht es Ihnen genauso.

Ihre Familie hat Sie im Stich gelassen. Ihre Kindheit war hart. Die Menschen, die für Sie hätten sorgen sollen, haben es nicht getan. Aber genau wie Josef haben Sie das Beste daraus gemacht. Sie haben sich durchgeschlagen. Sie haben sogar eine eigene Familie gegründet. Sie sind froh, Kanaan weit hinter sich zu lassen. Aber Gott nicht.

Er gibt uns mehr, als wir erbitten, indem er tiefer gräbt, als es uns lieb ist. Er will nicht nur unser ganzes Herz, er will, dass unser Herz ganz wird. Warum? Weil verletzte Menschen andere Menschen verletzen. Denken Sie mal darüber nach. Warum fahren Sie manchmal aus der Haut? Warum vermeiden Sie Konflikte? Warum wollen Sie es allen recht machen? Könnte das vielleicht mit einer nicht geheilten Verletzung in Ihrem Herzen zu tun haben? Gott möchte Ihnen um Ihretwillen helfen.

Grenzenlose Gnade

Rache baut einsame Häuser

Der New Yorker Geschäftsmann Joseph Richardson besaß 1882 ein kleines Grundstück in der Lexington Avenue. Es war 1,5 Meter breit und knapp 32 Meter lang. Hyman Sarner, ein anderer Geschäftsmann, besaß das Nachbargrundstück, das eine normale Größe hatte. Er wollte einen Wohnblock darauf errichten, von dem man einen Blick auf die Straße hatte. Er bot Richardson 1.000 Dollar für seinen schmalen Streifen. Dieser war angesichts der Summe zutiefst beleidigt und verlangte 5.000 Dollar. Sarner lehnte ab und Richardson knallte Sarner die Tür vor der Nase zu.

Sarner ging davon aus, dass das Stück Land unbebaut bleiben würde, und wies seinen Architekten an, den Wohnblock mit den Fenstern zur Straße hin zu entwerfen. Doch niemand sollte den freien Blick über Richardsons Grundstück hinweg genießen dürfen. Also baute der Siebzigjährige ein Haus. Eineinhalb Meter breit und 32 Meter lang, mit vier Etagen und zwei Wohnungen auf jedem Stockwerk. Als es fertig war, zog er mit seiner Frau in eine der Wohnungen.

Es konnte immer nur eine Person die Treppe hinauf oder durch den Flur gehen. Der größte Tisch in diesen Wohnungen war knapp einen halben Meter breit. Die Küchenherde waren die kleinsten, die es damals gab. Einmal blieb ein etwas beleibterer Zeitungsreporter im Treppenhaus stecken, und nachdem es zwei Bewohnern nicht gelungen war, ihn durch Schieben und Ziehen zu befreien, musste er sich bis auf die Unterwäsche ausziehen, um das Haus wieder zu verlassen.

Die Menschen nannten das Gebäude „Neidbau". Richardson verbrachte die letzten vierzehn Jahre seines Lebens in diesem engen Haus, das zu seiner eigenen Engstirnigkeit zu passen schien.[5]

Der „Neidbau" wurde 1915 eingerissen. Das Seltsame daran ist, dass ich mich noch ganz genau erinnere, vergangenes Jahr einige Nächte darin verbracht zu haben. Und vor einigen Jahren sogar ein paar Wochen. Und falls ich mich recht erinnere, habe ich Sie nicht auch dort gesehen, wie Sie sich durch den Flur gequetscht haben?

Rache baut einsame Häuser. Nur für eine Person ist darin Platz. Das Leben der Bewohner hat nur noch ein Ziel: jemanden unglücklich zu machen. Das gelingt auch. Man macht sich nämlich selbst unglücklich.

Da ist es kein Wunder, dass Gott darauf besteht, dass wir genau aufpassen, „dass keine bittere Wurzel unter euch Fuß fassen kann, denn sonst wird sie euch zur Last werden und viele durch ihr Gift verderben" (Hebräer 12,15; NL).

Zu seinen heilenden Maßnahmen gehört auch, dass wir aus unserem Neidbau ausziehen, heraus aus den beengten Verhältnissen des Grolls, hinein in die großzügige Weite der Gnade. Heraus aus der Härte, hinein in die Vergebung. Er bringt uns in eine neue Zukunft, indem er unsere Vergangenheit heilt.

*Lasst die Sonne nicht über eurem Zorn untergehen.
Gebt dem Versucher keine Chance!*
Epheser 4,26–27 (GN)

Vergebung schmälert nicht Gottes Gerechtigkeit; es bedeutet nur, dass wir die Gerechtigkeit Gott überlassen. Er garantiert uns, dass der andere die angemessene Strafe erhalten wird. Bei uns fällt sie erfahrungsgemäß zu heftig oder zu gering aus. Aber der Gott der Gerechtigkeit hat immer das richtige Maß.

Die Feinde zurechtbiegen? Das ist Gottes Aufgabe.

Den Feinden vergeben? Ja, da kommen Sie und ich ins Spiel. Wir vergeben.

Carolyns und Annas Geschichte

Vor 20 Jahren folgte ich dem Sarg meines Mannes zu seinem Grab. Ich sollte – wie ich später erkannte – an diesem Tag sowohl von den Lebenden als auch von den Toten Abschied nehmen.

Anna war zehn stürmische Jahre lang meine Stieftochter gewesen, und ihr geliebter Vater war der Einzige gewesen, der zwischen uns beiden hatte Frieden stiften können. Nach seinem Tod war ich zu sehr mit meinem eigenen Kummer beschäftigt, als dass ich Anna vermisst hätte. Wir schlugen ganz unterschiedliche Richtungen ein und unsere Wege kreuzten sich nie. Nur selten dachten wir überhaupt aneinander. Aber selten heißt nicht nie. Gott wusste, dass es noch Dinge gab, die wir klären mussten. Und so setzte er im vergangenen Juni eine Idee in meinen Kopf. Vielleicht rufe ich sie das nächste Mal, wenn ich in Houston bin, einfach an. Wäre Anna dafür offen? Ich zitterte, als ich eine Nachricht auf ihrem Anrufbeantworter hinterließ. Würde sie sich bei mir melden?

Auf dem Heimweg von Houston klingelte mein Handy. Es war Anna! Auch sie hatte damit gezögert, wieder Kontakt aufzunehmen. Aber in den folgenden beiden Stunden unterhielten wir uns angeregt und vergossen so manche Träne miteinander, und wir entschieden, dass wir uns unbedingt wiedersehen mussten. Anna und ich freuen uns noch heute über diese Entscheidung und danken Gott dafür, dass er uns half, wieder zueinanderzufinden.

Unsere Familie hieß Anna wieder mit offenen Armen willkommen. Sie brauchte uns, wie sich herausstellte – und wie man sich vorstellen kann, brauchten auch wir sie. Anna ist ein unerschöpflicher Brunnen der Liebe!

Anna und ich sind sehr glücklich, dass wir uns wiedergefunden haben. Gott hat uns all das zurückgegeben, was wir verloren hatten, so wie er es auch in der Geschichte von Josef getan hat. Der riesige Graben, der sich durch die Zeit und die Umstände zwischen uns aufgetan hatte, ist nun mit Liebe gefüllt worden.

Weg also mit aller Verbitterung, mit Aufbrausen,
Zorn und jeder Art von Beleidigung!
Schreit einander nicht an!
Legt jede feindselige Gesinnung ab!
Epheser 4,31 (GN)

Zu Gottes heilenden
Maßnahmen gehört auch,
dass wir aus den beengten
Verhältnissen
des Grolls ausziehen,
hinein in die großzügige
Weite der Gnade.
Heraus aus der Härte,
hinein in die Vergebung.

Bleibt fest mit mir verbunden,
und ich werde ebenso mit euch verbunden bleiben!
Johannes 15,4 (Hfa)

Nicht mehr ich bin es, der lebt,
nein, Christus lebt in mir.
Galater 2,20 (NGÜ)

Richtet nicht über andere, dann werdet ihr auch
nicht gerichtet werden! Verurteilt keinen Menschen,
dann werdet auch ihr nicht verurteilt!
Wenn ihr bereit seid, anderen zu vergeben,
dann wird auch euch vergeben werden.
Lukas 6,37 (Hfa)

Herr, zeig mir den Weg, den ich gehen soll;
lass mich erkennen, was du von mir verlangst.
Psalm 25,4 (GN)

Wir bitten für euch, dass Jesus Christus, unser Herr,
und Gott, unser Vater, … eure Herzen ermutige
und euch stärke in allem, was ihr sagt und tut!
2. Thessalonicher 2,16–17 (NL)

Der Prozess der Vergebung

Setzen Sie den Prozess der Vergebung in Gang:

1. Führen Sie nicht über alles Buch,
   was man Ihnen angetan hat.

2. Beten Sie für Ihre Gegner,
   statt Pläne gegen sie zu schmieden.

3. Hassen Sie das Böse, ohne die Übeltäter zu hassen.

4. Richten Sie Ihre Aufmerksamkeit nicht auf das,
   was andere Ihnen angetan haben, sondern auf das,
   was Jesus für Sie getan hat.

So unerhört das auch klingen mag, aber Jesus ist auch für sie gestorben. Und wenn er meint, sie hätten die Vergebung ihrer Schuld verdient, dann tun sie das auch.

Vergebung ist
so eine Sache ...

*Als das Getreide, das die Brüder aus Ägypten mitgebracht
hatten, aufgezehrt war, sagte ihr Vater zu ihnen:
„Geht wieder nach Ägypten und kauft uns zu essen!"
Aber Juda gab zu bedenken: „Der Ägypter hat ausdrücklich
erklärt: ‚Kommt mir nicht unter die Augen ohne euren
Bruder!' Deshalb gehen wir nur, wenn du uns Benjamin
mitgibst, sonst bleiben wir hier. Ohne ihn dürfen wir uns
nicht vor dem Mann blicken lassen." ...
Da erblickte Josef seinen Bruder Benjamin,
den Sohn seiner eigenen Mutter. ...
Dann lief er schnell hinaus. Er war den Tränen nahe,
so sehr bewegte ihn das Wiedersehen mit seinem Bruder.
Er eilte in sein Privatzimmer, um sich
dort auszuweinen. Dann wusch er sich das Gesicht
und kam zurück. Er nahm sich zusammen
und befahl seinen Dienern: „Tragt das Essen auf!"*

1. Mose 43,2–5.29–31 (GN)

Gott bringt uns in eine neue Zukunft, indem er unsere Vergangenheit heilt.

Kann er das wirklich? Kann er dieses Chaos heilen? Den sexuellen Missbrauch? Die blanke Wut auf den Vater, der meine Mutter sitzen gelassen hat? Die brodelnde Abscheu, die ich jedes Mal empfinde, wenn ich an die Person denke, die mich wie der letzte Dreck behandelt hat? Kann Gott diese uralten Verletzungen in meinem Herzen heilen?

Josef stellte sich diese Frage ebenfalls. Die Erinnerung an zehn Brüder, die sich seiner leichten Herzens entledigt hatten, verschwand nie. Sie hatten ihm den Rücken gekehrt und nie nach ihm gesucht. Also zahlte er es ihnen mit gleicher Münze heim. Als er sie in der Warteschlange stehen sah, packte er die Gelegenheit beim Schopfe. Er warf ihnen vor, Spione zu sein, und warf sie ins Gefängnis. „Das geschieht euch recht, ihr Schurken!"

Tut es nicht gut zu sehen, dass auch Josef nur ein Mensch war? Bis dahin war der Typ so gut, dass es schon wehtat. Er ertrug die Sklaverei, war in einem fremden Land erfolgreich, lernte eine neue Sprache, widerstand sexuellen Verführungen. Er war ein Mustersträfling und der perfekte Ratgeber für seinen König. Er hatte schon einen Heiligenschein. Man erwartet fast, dass er seine Brüder sieht und sofort sagt: „Vater, vergib ihnen, denn sie wissen nicht, was sie tun" (Lukas 23,34). Aber das tat er nicht. Er hat es nicht getan, weil es zur schwersten Aufgabe überhaupt gehört, solchen Blödmännern zu vergeben.

Nach drei Tagen entließ Josef alle Brüder – mit einer Ausnahme – aus dem Gefängnis. Sie kehrten nach Kanaan zurück, um Jakob, ihrem alten, schwachen Vater, alles zu berichten. Die Brüder erzählten ihm, dass sie Simeon als Pfand dafür zurücklassen mussten, dass sie mit Benjamin, dem Jüngsten, zurückkehren würden.

Die Brüder kamen also mit Benjamin im Schlepptau aus Kanaan nach Ägypten zurück. Josef lud sie zum Essen ein. Er erkundigte sich nach Jakob, sah Benjamin und hätte beinahe die Fassung verloren. „Gott segne dich, mein Sohn!" (1. Mose 43,29; GN), brachte er gerade noch heraus, bevor er aus dem Raum eilte, weil er weinen musste.

Er kam zurück, aß und trank und feierte mit seinen Brüdern. Josef hatte sie dem Alter entsprechend um den Tisch gesetzt. Benjamin bekam eine Sonderbehandlung. Jedes Mal, wenn die Brüder eine Portion auf ihren Teller bekamen, bekam Benjamin das Fünffache. Sie bemerkten es. Aber sie sagten nichts.

Josef füllte ihre Satteltaschen mit Essen und versteckte seinen persönlichen Becher in Benjamins Taschen. Die Brüder waren noch nicht weit gekommen, als Josefs persönlicher Diener ihre Karawane stoppte, das Gepäck durchsuchte und den Becher fand. Die Brüder zerrissen ihre Kleidung (was damals so viel bedeutete, wie sich die Haare zu raufen), standen kurz darauf wieder vor Josef und mussten um ihr Leben fürchten.

Josef wusste nicht, was er tun sollte! Erst hieß er sie willkommen, weinte wegen ihnen, aß mit ihnen, und dann legte er sie herein. Er kämpfte mit sich. Diese Brüder hatten seine älteste und tiefste Wunde wieder aufgekratzt. Und er wollte lieber sterben, als dass er zuließ, dass sie ihn noch einmal verletzten. Andererseits waren es seine Brüder, und er wollte lieber sterben, als sie noch einmal zu verlieren.

Vergebung reißt uns hin und her. Sie kommt in Schüben

und stagniert wieder. Sie hat gute und schlechte Tage. Wut gemischt mit Liebe. Unregelmäßige Gnade. Wir machen Fortschritte und biegen dann wieder falsch ab. Kommen voran und fallen zurück. Aber das ist in Ordnung. Was Vergebung angeht, sind wir alle Anfänger. Niemand hat ein Geheimrezept. Solange Sie versuchen zu vergeben, vergeben Sie. Erst wenn man es nicht mehr versucht, hält Bitterkeit Einzug.

Jesus kümmert sich um dich

Jennas Geschichte

Ich kam als Teenager zum Glauben. Meinen späteren Mann lernte ich auf dem College kennen, und als wir in unseren Zwanzigern waren, engagierten wir uns beide in der Gemeinde und bekamen drei Kinder.

Doch als mein Mann uns nach 15 Jahren Ehe verließ und ein Leben begann, in dem Drogen und eine andere Frau eine Rolle spielten, kam ich mir vor wie Josef, der in den Brunnen geworfen wurde.

Es gibt keine Worte, um den Schock, die Enttäuschung und die Wut zu beschreiben. Ich saß mit drei Kindern allein und ohne Geld da; auch mein Glaube hatte Schiffbruch erlitten. Die Person, die „meine Familie" gewesen war, hatte mich verraten. Aber ich erkannte, dass Gott mich nicht verließ. Während ich darum rang, meinen Kindern ein liebevolles Zuhause zu bieten und ihnen ein Gefühl von Sicherheit zu vermitteln, begab ich mich auf eine Reise mit Gott, die ich ohne diese Scheidungstragödie nie gemacht hätte.

Erst war ich wütend auf Gott.

Doch als die Zeit verging, suchte ich Trost in der Bibel, besonders in den Psalmen Davids, die mich jedes Mal, wenn ich sie las, zum Weinen brachten. Während ich Davids Beispiel folgte und vor Gott klagte, sprach er in meinem Schmerz zu mir. Ich kann es nicht erklären, aber ich erlebte eine Art von Güte, die mich wahrhaft auf die Knie brachte und mich von Grund auf veränderte.

Das ist jetzt fast zehn Jahre her. Heute ist mein Glaube stark und unerschütterlich und ich gehe in eine großartige Gemeinde. Jahrelang habe ich meine Kinder allein aufgezogen und mich auf Gott verlassen, der mir eine Tür öffnete, sodass ich eine Ausbildung zur Krankenschwester machen und mich gleichzeitig um meine Familie kümmern konnte. Es ist schwer, seine Kinder allein aufzuziehen – und auch dabei fühlte ich mich so manches Mal wie Josef. Aber ich saß nicht im Gefängnis, sondern in einem Wartezimmer. Und mein Leben wurde dabei auf großartige Art verändert. Obwohl ich verlassen und enttäuscht wurde und erfahren musste, wie mein Leben mir entglitt, haben diese Prüfungen und Kämpfe meines Glaubens letztendlich alles zum Guten gewendet.

Und das noch zum Schluss: Ich habe das Gefühl, als sei meine Geschichte noch nicht zu Ende. Vielleicht kommt eines Tages ein weiterer Neuanfang. Im Moment bin ich nicht nur froh, die zu sein, die ich bin, sondern ich vertraue auch in allen Bereichen meines Lebens Jesus. Ich durfte erleben, dass er treu ist, und dafür liebe ich ihn.

*Wer mich findet, der findet das Leben
und wird von Gott geliebt.*
Sprichwörter 8,35 (Hfa)

*Nein, Grund zum Stolz hat nur,
wer mich erkennt und begreift, dass ich der Herr bin.
Ich bin barmherzig und sorge
auf der Erde für Recht und Gerechtigkeit.
Wer dies verstanden hat,
an dem habe ich, der Herr, Gefallen.*
Jeremia 9,23 (Hfa)

*Alle Weisheit beginnt damit,
dass man Ehrfurcht vor Gott hat.
Den heiligen Gott kennen, das ist Einsicht!*
Sprichwörter 9,10 (Hfa)

Die Quelle unserer Kraft

So etwas haben Sie noch nie erlebt: Der Basketballspieler steht an der Freiwurflinie. Seine Mannschaft liegt nur einen Punkt zurück und es sind nur noch ein paar Sekunden zu spielen. Die Spieler beider Mannschaften stehen bereit, um den Ball aufzufangen, wenn er vom Korb abprallt. Der Werfer legt sich den Ball in der Hand zurecht. Die Zuschauer sind still. Die Cheerleader schlucken. Eine solche Szene haben Sie wirklich noch nie gesehen. Woher ich das so genau weiß? Weil der Spieler, der den Freiwurf wirft, noch nie so eine Szene gesehen hat.

Er ist blind.

Alle anderen Mitglieder seiner Mannschaft können sehen. Alle aus der anderen Mannschaft können sehen. Aber Matt Steven, Oberstufenschüler an der Highschool in Upper Darby, Pennsylvania, kann nichts sehen. Sein Bruder steht unter dem Korb und schlägt mit einem Stock gegen den Ring. Matt lauscht, dribbelt und hebt den Ball dann zum Wurf. Man fragt sich, warum ein Basketballtrainer einen blinden Jungen an die Freiwurflinie stellt.

Die einfache Antwort? Er ist Matts großer Bruder.

Die ausführliche Antwort liegt Jahre zurück, als Matt mit einer doppelten Netzhautablösung zur Welt kam. Die Sehfähigkeit seines linken Auges verlor er in der fünften und die des rechten in der sechsten Klasse. Aber auch wenn Matt nichts sehen kann, so sieht sein großer Bruder doch genug für beide. Joe hatte Matt als Kind immer geholfen, das Unmögliche zu schaffen: Fahrrad fahren, Schlittschuh laufen und Fußball spielen. Als Joe dann anfing, die Basketballmannschaft zu trainieren, brachte er seinen kleinen Bruder als Zeugwart mit. Matt trainierte und spielte nie mit der Mannschaft. Aber nach jedem Training warf er mit Joes Hilfe Körbe. Wenn die Mannschaft schon lange weg war, waren die beiden Brüder immer noch da – der Jüngere stand an der Freiwurflinie und der Ältere unter dem Korb und klopfte mit einem Stock an den Ring.

Und so kam es, dass Matt bei diesem Spiel für die Freiwürfe eingesetzt wurde. Joe hatte die Schiedsrichter und die Gegner überredet, Matt spielen zu lassen. Alle hielten das für eine großartige Idee. Aber niemand hatte damit gerechnet, dass alles von diesem einen Wurf abhängen würde.

Bisher hat Matt 0 von 6 Würfen getroffen. Es wird mucksmäuschenstill in der Halle. Joe schlägt mit dem Stock gegen den Metallring des Korbes. Auf der Tribüne versucht Matts Mutter, die Videokamera ruhig zu halten. Matt dribbelt. Er hält inne ... und wirft. Wusch! Unentschieden! Das Gebrüll der Fans lässt die Halle beben. Schließlich beruhigen sich die Zuschauer, sodass Matt das Geräusch des Stocks wieder hören kann und die noch nie gesehene Szene wiederholt sich. Wusch – zum zweiten Mal! Die gegnerische Mannschaft schnappt sich den Ball, versucht noch einen letzten Distanzwurf auf den Korb, trifft aber nicht. Das Spiel ist vorbei und Matt der große Held. Alle jubeln und schreien, während Matt – der Held – den Weg zurück zur Bank sucht. Raten Sie mal, wer ihm dabei zu Hilfe kommt? Genau. Joe.[6]

Große Brüder können alles verändern.

Brauchen Sie einen? Sie versuchen vielleicht nicht, den Korb zu treffen, sondern Ihren Lebensunterhalt zu verdienen, Freunde zu finden, zu verstehen, warum Sie so viel Pech haben. Brauchen Sie den Schutz eines großen Bruders?

„Er, der heilig macht, und die, die von ihm geheiligt werden, haben nämlich alle denselben Vater. Deshalb schämt er sich auch nicht, sie seine Geschwister zu nennen" (Hebräer 2,11; NGÜ). Jesus, der Prinz des Himmels, ist Ihr Bruder. Er ruft Sie zu sich. „Kommt alle her zu mir, die ihr euch abmüht und unter eurer Last leidet! Ich werde euch Ruhe geben" (Matthäus 11,28; Hfa). Er sorgt für Sie. In ihm „haben wir einen, der beim Vater für uns eintritt: Jesus Christus, den Gerechten, der ohne Schuld ist" (1. Johannes 2,1; GN). Ihr Bruder verspricht, „euch alles [zu] geben, was ihr braucht, so gewiss er euch durch Jesus Christus am Reichtum seiner Herrlichkeit teilhaben lässt" (Philipper 4,19; GN).

Vertrauen wir seiner Fürsorge.

„Denn ich weiß genau,
welche Pläne ich für euch gefasst habe",
spricht der Herr.
„Mein Plan ist, euch Heil zu geben und kein Leid.
Ich gebe euch Zukunft und Hoffnung."
Jeremia 29,11 (NL)

In dem Maß, in dem wir seinem Plan für unser Leben vertrauen und ihn annehmen, werden wir auch durchs Leben kommen. Wenn andere uns in ein Loch stoßen, stehen wir wieder auf. Gott kann etwas Gutes daraus machen. Wenn Verwandte uns verkaufen, rappeln wir uns wieder auf.

Gott wird diesen Schmerz zu irgendetwas gebrauchen.

Die Liebe gewinnt

*„Ich bin Josef!", sagte er zu seinen Brüdern.
„Lebt mein Vater noch?" Aber sie brachten kein Wort
heraus, so fassungslos waren sie. Er rief sie näher zu sich
und wiederholte: „Ich bin Josef, euer Bruder,
den ihr nach Ägypten verkauft habt! Erschreckt nicht
und macht euch keine Vorwürfe deswegen.
Gott hat mich vor euch her nach Ägypten gesandt,
um viele Menschen am Leben zu erhalten."*

1. Mose 45,3–5 (GN)

Jakobs Söhne gaben ein erbärmliches Bild ab, als sie so vor Josef standen. Mutmaßliche Diebe eines silbernen Bechers. Sprachlose Viehhirten vor dem Herrscher einer Großmacht. Sie konnten nur noch beten und um Hilfe flehen. Juda erzählte dem Prinzen ihre ganze Geschichte. Erzählte von ihrem alten, gebrechlichen Vater. Von dem verschwundenen Sohn und dass der Verlust von Benjamin ihren Vater sicher ins Grab bringen würde. Juda bot sogar an, an Benjamins Stelle dazubleiben, wenn das die Familie retten würde. Sie lagen mit dem Gesicht nach unten auf dem Boden und konnten nur noch auf Gnade hoffen – und bekamen weit mehr als das.

Josef schickte alle Beamten und die Dolmetscher hinaus. „Da konnte Josef nicht länger an sich halten"

(1. Mose 45,1). Er vergrub das Gesicht in den Händen und schluchzte laut. Er weinte nicht leise oder wimmerte sanft. Er heulte lauthals. Das reinigende Weinen eines Mannes im Augenblick tiefer, innerer Heilung. Zweiundzwanzig Jahre Tränen und Betrügereien nahmen ein Ende. Das Duell zwischen Wut und Liebe war vorüber. Die Liebe hatte gewonnen.

Er platzte heraus: „Ich bin Josef! … Lebt mein Vater noch?" (Vers 3). Elffaches heftiges Schlucken und elf Augenpaare schauten riesengroß. Die Brüder wagten nicht, sich aus ihrer tiefen Verbeugung aufzurichten. Sie warfen sich gegenseitig vorsichtige Blicke zu und formten mit den Lippen stumm den Namen Josef. Das letzte Bild, das sie von ihrem jüngeren Bruder vor Augen hatten, war das eines blassen, verängstigten Jungen, der nach Ägypten verschleppt wurde. Sie hatten das Geld gezählt und wollten nichts mehr mit ihm zu tun haben. Damals war er ein Teenager gewesen. Und jetzt war er ein Prinz? Ganz vorsichtig hoben sie die Köpfe.

Josef nahm die Hände vom Gesicht. Sein Make-up war tränenverschmiert und sein Kinn bebte immer noch. Mit zitternder Stimme sagte er: „Kommt doch näher!" Sie erhoben sich. Langsam. Vorsichtig. „Ich bin euer Bruder Josef, den ihr nach Ägypten verkauft habt" (Vers 4; Hfa).

Josef sagte ihnen, sie sollten keine Angst haben. „Gott hat mich hierher gebracht. Das hat Gott getan. Gott beschützt euch" (siehe Vers 7). In den heutigen Sprachgebrauch übertragen: „Hinter unserer Geschichte steckt mehr."

Die Brüder waren sich immer noch nicht sicher, wer dieser Mann war. Dieser Mann, der um sie weinte, der sie zu sich rief ... und für sie sorgte.

„Schnappt euch eure Familien und kommt nach Ägypten", wies er sie an.

Er versprach, für sie zu sorgen, und besiegelte sein Versprechen mit noch mehr Tränen. Er erhob sich von seinem Platz und umarmte seinen jüngsten Bruder. „Dann umarmte Josef seinen Bruder Benjamin, und beide weinten dabei vor Freude. Danach küsste er unter Tränen auch die anderen. Erst jetzt fanden die Brüder die Sprache wieder und sie redeten mit Josef" (Verse 14–15; GN).

Feindschaft und Wut zerflossen auf dem Marmorboden.

Nun wurde den Brüdern klar, dass sie außer Gefahr waren. Die Hungersnot wütete immer noch. Die Felder waren immer noch kahl. Die Umstände waren immer noch widrig. Aber sie waren endlich in Sicherheit. Sie würden überleben. Weil sie so gute Menschen waren? Nein, weil sie eine Familie waren. Der Prinz war ihr Bruder.

Was für ein Geschenk! Wir wissen selbst, wie sich Mangel anfühlt. Genau wie Josefs Brüder haben auch wir schon Dürreperioden erlebt. Geld weg. Vorräte aufgebraucht. Kräfte erschöpft. Wir waren alle schon an dem Punkt, an dem die Brüder jetzt standen.

Und wir haben das getan, was die Brüder taten. Wir haben Menschen verletzt, die wir lieben. Sie in die Sklaverei verkauft? Das vielleicht nicht. Aber die Nerven verloren? Unsere Prioritäten falsch gesetzt? Garantiert. Genau wie die Hirten aus Beerscheba haben wir dann den Prinz um Hilfe gebeten – unseren Prinz. Wir haben gebetet und ihm von unseren Nöten erzählt. Wir haben uns gefragt, ob es bei ihm einen Platz für solche wie uns gibt. Was die Brüder in Josefs Palast gefunden haben, finden wir bei Jesus Christus. Der Prinz ist unser Bruder.

Wir können zwar nicht immer sehen, was Gott tut, aber können wir nicht davon ausgehen, dass das, was er vorhat, gut ist?

Millicents Geschichte

Mit 23 Jahren trat ich meine erste Stelle als Lehrerin an. Und das, obwohl mir gerade das Herz gebrochen worden war. Ich war weder verlobt noch verheiratet, hatte weder Kinder noch ein Häuschen im Grünen, wie ich mir immer erhofft hatte. Ich hatte mich an alle Regeln gehalten, war immer nett gewesen, aber jemand anders würde nun ein Happy End bekommen. Nicht ich.

Als ich zum ersten Mal eine Woche lang Pausenaufsicht hatte, war ich frühzeitig auf dem Schulhof und emsig damit beschäftigt, die Kinder zu beobachten. Nur immer schön dafür sorgen, dass ich auch ja etwas zu tun hatte! Doch auf diesem Schulhof freundete ich mich mit einem Mann an, der mein Herz und später auch meine Seele retten sollte. Dee Lucado hatte immer gemeinsam mit mir Pausenaufsicht. Wir waren so unterschiedlich, wie zwei Menschen nur sein können, aber wir litten beide unter dem gleichen Schmerz und erkannten im anderen sofort eine verwandte Seele. Dee lebte zu der Zeit von seiner Frau getrennt und kämpfte wie ich darum, einen neuen Platz im Leben zu finden. Wir wurden sofort Freunde. (Wenn man plötzlich getrennt lebt und allein ist, will man sich auf keinen Fall einsam fühlen.)

Dee und ich gingen zu jedem Football- und Basketballspiel, in jede Theateraufführung unserer Highschool. Wir taten alles, um uns die Zeit zu vertreiben und nicht nach

Hause zu müssen – ein Zuhause, das uns so leer vorkam – ohne Anrufe, mit niemandem, der auf uns wartete. An einem Wochenende organisierte Dee für eine Gruppe von Lehrern Tickets für ein Basketballspiel der San Antonio Spurs. Ich war noch nie bei einem Profispiel gewesen und bot an, ihn abzuholen, damit ich nicht alleine dorthin fahren, mein Auto auf einem riesigen Parkplatz abstellen und allein reingehen musste. Ich betrat Dees Wohnzimmer, das – abgesehen von Bücherstapeln an der Wand – leer war. Er kam aus einem Nebenzimmer und brachte eine Kiste herein. „Mein Bruder schreibt Bücher und ich habe hier einige für dich. Sie sind auch signiert. Ich glaube, sie könnten dir helfen. Helfen, dein Herz zu heilen." Ich nahm sie höflich entgegen und legte sie in meinen Kofferraum. Natürlich hatte ich bereits Selbsthilfebücher gelesen, doch hinterher hatte ich mich bloß schlechter gefühlt. Dee und ich erwähnten die Bücher nie wieder. Am Ende des Jahres versöhnte er sich wieder mit seiner Frau und zog weg. Sein Herzschmerz war Geschichte.

In diesem Sommer heiratete der Mann, den ich hätte heiraten sollen, eine andere, und ich ertrug es nicht, im selben Bundesstaat zu wohnen. Deshalb beschloss ich, nach Mexiko zu fliehen. Ich nahm dabei eines der Bücher mit, die Dee mir geschenkt hatte – „Ruhe im Sturm: Ein stressiger Tag im Leben von Jesus". Während ich es las, musste ich weinen und lachen, und etwas in mir begann zu heilen. Obwohl ich mich einsam fühlte, war ich nicht allein. Obwohl ich mich zerbrochen fühlte, war ich nicht allein.

Obwohl ich mich verloren fühlte, war ich nicht allein. Ich hatte vergessen, dass es jemanden gab, den ich mehr lieben, dem ich mehr glauben, mehr vertrauen sollte. Ich hatte vergessen, dass es jemanden gab, der mich nie verlassen und nie alleinlassen würde. Ich hatte die reine, bedingungslose Liebe vergessen, die Gott für uns empfindet. Danke, Dee, dass du mir den Weg zu deinem Bruder Max gewiesen hast. Danke, Max, dass du mir den Weg zurück zu Gott gezeigt hast.

Erstellen Sie einmal eine Liste mit Gottes Eigenschaften und prägen Sie sich diese ein. Hier ist meine persönliche Liste:

1. Gott hat jederzeit alles in seiner Hand.
   Er kennt meinen Namen. (Daniel 12,1)
2. Die Engel gehorchen ihm. (Psalm 91,11)
3. Alle Herrscher dieser Welt müssen ihm gehorchen. (Psalm 138,4)
4. Tod und Auferstehung von Jesus erretten uns. (2. Korinther 3,5–6)
5. Der Geist Gottes erfüllt noch alle, die zu ihm gehören. (Apostelgeschichte 2,38)
6. Der Himmel ist nur einen Herzschlag weit entfernt. (Matthäus 4,17)
7. Das Grab wird nicht lange unser Zuhause sein. (Johannes 5,28–29)
8. Gott ist treu. Nichts, das geschieht, überrascht ihn. (1. Korinther 1,8–9)
9. Er führt alles zum Guten. (Römer 8,28)
10. Er kann auch schreckliche Ereignisse gebrauchen, um seinen Willen zu tun – und sein Wille ist heilig und vollkommen. (2. Korinther 4,8–10)
11. Selbst wenn wir uns nachts vor Sorgen im Bett wälzen, erfüllt er uns am Morgen wieder mit seiner Freude. (Klagelieder 3,22–23)
12. Gott kann auch in schwierigen Situationen in unserem Leben Frucht hervorbringen. (2. Korinther 1,5–7)

Gott zu vertrauen ist das Wichtigste

Gott ist in der Krise an Ihrer Seite

Unmittelbar bevor Großbritannien gegen Nazideutschland in den Krieg zog, gab die britische Regierung eine Plakatserie in Auftrag. Man wollte überall im Land ermutigende Slogans aufhängen. Dazu benutzte man nur Großbuchstaben in einer auffälligen Schriftart und beschränkte sich auf zwei Farben. Das einzige Bildmotiv darauf war die Krone von König George VI.

Das erste Plakat wurde im September 1939 aufgehängt:

DEIN MUT
DEINE FRÖHLICHKEIT
DEINE ENTSCHLOSSENHEIT
WERDEN UNS DEN SIEG BRINGEN

Bald danach wurde ein zweites Plakat gedruckt:

DIE FREIHEIT IST IN GEFAHR
VERTEIDIGE SIE MIT GANZER KRAFT

Diese beiden Plakate sah man kreuz und quer über ganz England verteilt. An Bahnsteigen, in Pubs, Läden und Restaurants. Sie hingen überall. Ein drittes Plakat wurde entworfen, aber nie aufgehängt. Es wurden über 2,5 Millionen Stück davon gedruckt, aber man bekam sie nie zu sehen.

Bis fast sechzig Jahre später der Besitzer eines Buchladens im Nordosten Englands eines davon in einem Karton alter Bücher fand, die er auf einer Auktion gekauft hatte. Auf dem Plakat stand:

RUHE BEWAHREN
UND WEITERMACHEN

Auf dem Plakat war die gleiche Krone abgebildet und man hatte die gleiche Schriftart wie auf den ersten beiden verwendet. Es wurde jedoch nie in der Öffentlichkeit verbreitet, sondern für eine extreme Krisensituation aufbewahrt, wie zum Beispiel eine Invasion durch deutsche Truppen. Der Besitzer des Buchladens rahmte es ein und hängte es auf. Es wurde schließlich so beliebt, dass der Buchladen anfing, das gleiche Bild und den gleichen Text in der gleichen Schriftart auf Tassen, Postkarten und Poster drucken zu lassen. Auch in unserer Zeit scheinen die Menschen diese Ermahnung aus einer anderen Generation, Ruhe zu bewahren und weiterzumachen, zu schätzen.[7]

  Und Sie können das auch tun. Sie haben weder das Wetter noch die Wirtschaft in der Hand. Sie können den Tsunami nicht rückgängig und den Unfall nicht ungeschehen machen. Aber Sie können einen Plan entwerfen. Denken Sie daran, dass Gott in der Krise gegenwärtig ist. Bitten Sie ihn, Ihnen eine Strategie zu zeigen, die so klar und einfach ist, dass sie auf einen Bierdeckel passt – zwei oder drei Schritte, die Sie heute unternehmen können.

Indem er uns sich
selbst schenkt,
schenkt Gott
uns Hoffnung.
Er möchte,
dass wir uns einer
Sache bewusst sind:
Wir sind
niemals allein.

Vertrauen und Handeln

Wenn Sie in einer Krise stecken, sollten Sie jemanden um Rat fragen, der Ähnliches durchgemacht hat. Bitten Sie Freunde, für Sie zu beten. Halten Sie nach anderen Hilfsmitteln Ausschau. Suchen Sie sich eine Gruppe, die Sie unterstützt. Aber vor allem: Erstellen Sie einen Plan.

Der Managementguru Jim Collins hat ein paar gute Erkenntnisse zu diesem Thema gewonnen. Er nahm gemeinsam mit Morten T. Hansen in einer sehr turbulenten Zeit Führungspersonen unter die Lupe. Die beiden analysierten über zwanzigtausend Unternehmen und durchleuchteten auf der Suche nach der Antwort auf folgende Frage deren Zahlen und Daten: Warum florieren manche Unternehmen in unsicheren Zeiten und andere nicht? Sie kamen zu dem Schluss: „[Erfolgreiche Führungspersonen] sind nicht kreativer. Sie sind nicht visionärer. Sie sind nicht charismatischer. Sie sind nicht ehrgeiziger. Sie haben nicht mehr Glück. Sie sind nicht risikobereiter. Sie sind nicht heldenhafter. Und sie sind auch nicht eher bereit, große, mutige Schritte zu unternehmen." Was unterscheidet sie dann? „Sie führen ihre Teams mit erstaunlicher Selbstbeherrschung in einer nicht zu beherrschenden Welt."[8]

Letzten Endes sind es nicht die Auffälligen und Ausgefallenen, die überleben, sondern diejenigen mit ruhigen Händen und einem klaren Kopf. Menschen wie Roald Amundsen. 1911 führte er das norwegische Team beim Wettlauf um die Erreichung des Südpols an. Robert Scott leitete zur gleichen Zeit das Team aus England. Die beiden Teams sahen sich den gleichen Herausforderungen und dem gleichen Gelände gegenüber. Sie litten unter den gleichen eisigen Temperaturen und den gleichen unbarmherzigen Witterungsbedingungen. Ihnen stand die gleiche Technik und Ausrüstung zur Verfügung. Trotzdem kam Amundsen mit seinem Team vierunddreißig Tage vor Scott am Südpol an. Was war der Unterschied?

Planung. Amundsen war ein unermüdlicher Stratege. Er verfolgte einen ganz klaren Plan, nach dem er täglich fünfundzwanzig bis dreißig Kilometer marschieren wollte. Gutes Wetter? Fünfundzwanzig bis dreißig Kilometer. Schlechtes Wetter? Fünfundzwanzig bis dreißig Kilometer. Nicht mehr. Nicht weniger.

Scott dagegen marschierte unregelmäßig. Bei gutem Wetter trieb er sein Team bis zur Erschöpfung an und pausierte bei schlechtem Wetter. Die beiden Männer hatten unterschiedliche Philosophien und erzielten deshalb auch unterschiedliche Ergebnisse. Amundsen gewann das Rennen, ohne einen einzigen Mann zu verlieren. Scott verlor nicht nur das Rennen, sondern auch sein Leben und das aller seiner Teammitglieder.[9]

Alles nur, weil er keinen geeigneten Plan hatte.

Wünschen Sie sich, Ihre Krise durch ein Wunder zu meistern? Wäre Ihnen eine Brotvermehrung lieber oder dass das stürmische Meer im Handumdrehen spiegelglatt wird? Vielleicht tut Gott das ja.

Aber vielleicht sagt er auch zu Ihnen: „Ich bin bei dir. Ich kann auch aus deiner Krise etwas Gutes machen. Lass uns einen Plan entwerfen." Wenn Sie für sein Reden und seine Führung offen sind, dürfen Sie sich darauf verlassen, dass er Ihnen hilft.

Gottes Allmacht entbindet uns nicht von unserer Verantwortung. Ganz im Gegenteil. Sie befähigt uns. Wenn wir auf Gott vertrauen, können wir klarer denken und entschlossener handeln. Wie Nehemia, der gesagt hat: „Wir aber beteten zu unserem Gott und stellten Tag und Nacht zum Schutz gegen sie Wachen auf" (Nehemia 4,3; GN).

Wir beteten … und stellten Wachen auf. Wir vertrauten und handelten. Vertrauen Sie darauf, dass Gott das tut, was Sie nicht tun können. Gehorchen Sie Gott, und tun Sie, was Sie können.

So hoch der Himmel über der Erde ist,
so weit reichen meine Gedanken hinaus über alles,
was ihr euch ausdenkt,
und so weit übertreffen meine Möglichkeiten alles,
was ihr für möglich haltet.
Jesaja 55,9 (GN)

Lassen Sie sich von der Krise nicht lähmen.
Lassen Sie sich von der Trauer nicht überwältigen.
Lassen Sie sich von der Angst nicht einschüchtern.
Nichts zu tun ist falsch.
Etwas zu unternehmen ist richtig.
Und Gott zu vertrauen ist das Wichtigste.

Gott kann auch aus dem Schmerz etwas Gutes machen

Vor Kurzem traf ich mich mit einem Freund zum Frühstück. Unsere Unterhaltung drehte sich zum größten Teil um die Gesundheit seines vierzehnjährigen Sohnes. Sieben Jahre zuvor hatte man hinter der Milz des Jungen einen Tumor entdeckt. Diese Entdeckung zog mehrere Monate ermüdendes Gebet und Chemotherapie nach sich. Der Sohn wurde wieder gesund. Heute spielt er in der Footballmannschaft seiner Highschool und die Krebsbehandlung ist nur noch eine langsam verblassende Erinnerung.

Das Faszinierende an der Geschichte ist, wie der Tumor entdeckt wurde.

Als der Junge sieben war, tollte er mit seinen Cousins herum. Einer von ihnen trat ihm aus Versehen in den Bauch. Er bekam starke Schmerzen und musste ins Krankenhaus. Ein aufmerksamer Arzt machte eine Reihe von Untersuchungen. Diese führten dazu, dass der Chirurg den Tumor entdeckte und entfernte. Nachdem der Tumor draußen war, erkundigte sich der Vater bei dem behandelnden Arzt, wie lange die Wucherung schon vorhanden gewesen sei. Es ließ sich zwar nicht mit Bestimmtheit sagen, aber nach Größe und Art des Knotens zu urteilen, war er erst zwei oder drei Tage alt.

„Also hat Gott den schlimmen Tritt in den Bauch benutzt", sagte ich, „damit dein Sohn behandelt wurde."

Dann ist da noch Isabels Geschichte. Sie verbrachte die ersten dreieinhalb Jahre ihres Lebens in einem Waisenhaus in Nicaragua. Keine Mutter, kein Vater. Und keines von beiden in Aussicht. Wie bei allen Waisenkindern werden die Chancen auf eine Adoption mit zunehmendem Alter immer geringer. Mit jedem Monat, der verging, schwanden Isabels Chancen, eine Familie zu finden.

Und dann klemmte sie sich den Finger in einer Tür ein. Sie lief gerade den anderen Kindern nach, um im Hof zu spielen, als eine Fliegentür zufiel und ihr die Finger quetschte. Ein schrecklicher Schmerz durchfuhr ihren Arm und ihr Schrei hallte auf dem Hof wider. Frage: Warum ließ Gott das zu? Warum sollte ein gütiger, allmächtiger Gott zulassen, dass ein unschuldiges Mädchen, das schon mehr als genug Probleme hatte, noch mehr Schmerzen erlitt?

Wollte er vielleicht die Aufmerksamkeit des adoptionswilligen Amerikaners Ryan Schnoke erregen, der nebenan im Spielzimmer saß? Er und seine Frau Cristina versuchten schon seit Monaten, ein Kind zu adoptieren. Da kein anderer Erwachsener in der Nähe war, um Isabel zu helfen, ging Ryan hinüber, nahm sie auf den Arm und tröstete sie.

Einige Monate später, als Ryan und Cristina schon fast aufgegeben hatten, erinnerte Ryan sich an Isabel und beschloss, es noch einmal zu versuchen. Dieses Mal war die Adoption erfolgreich. Die kleine Isabel wächst jetzt in einer glücklichen Familie auf.

Ein Tritt in den Bauch?
Eingeklemmte Finger?
Gott verursacht kein Leid, aber er macht es sich ganz sicher zunutze.

Gott, vernimm mein Schreien! Höre mein Gebet!
Vom Ende der Erde schreie ich zu dir um Hilfe,
denn ich habe Angst. Führe du mich in Sicherheit,
denn bei dir finde ich Zuflucht.
Du bist wie eine Burg,
in der ich vor meinen Feinden geborgen bin.
Lass mich für immer in deinem Heiligtum leben,
wo ich unter dem Schutz deiner Flügel
sicher sein kann!

Psalm 61,2–5 (NL)

Mit
Gottes Hilfe
wirst du
es schaffen!

Brooks Geschichte

Ich wuchs in einem tollen Zuhause auf. Meine Eltern führten eine Bilderbuchehe, waren beide gläubig und machten auch mich mit Jesus bekannt. Ich liebte Gott wirklich, doch in meiner Teenagerzeit kam ich so langsam vom Weg ab.

Während des Studiums begann ich zu trinken ... und zwar ziemlich viel. Nach dem Abschluss gab ich mich weiter mit Leuten ab, die nicht gerade fromm waren. Ich wollte und suchte Frieden, Stabilität und einen tollen Ehemann ... doch fand keins von alledem.

Weil ich so stark unter der Einsamkeit litt, die einen oft überkommt, wenn man am falschen Ort nach Befriedigung strebt, entschied ich mich, meinen Job zu kündigen und zu meinen Schwestern nach Washington, D. C., zu ziehen. Ich bildete mir ein, dass die Nähe zu meiner Familie den Schmerz lindern und die Leere füllen würde.

Schon wenig später lernte ich Patrick kennen. Er liebte seine Familie, Jesus und mich. Wir trafen uns regelmäßig und alles in meinem Leben sah auf einmal besser aus.

Nachdem wir sechs Monate zusammen waren, wurde Patrick jedoch krank. Die Diagnose lautete Lymphoblastom, Stadium IV – eine Krebsart, an der normalerweise Kinder erkranken, nicht Erwachsene. Und dieser Krebs war überall: in seinen Lymphknoten, im Knochenmark, überall. Die Tage und Nächte in Washington wurden zu langen Tagen und Nächten in Krankenhäusern, wo ich die

Wahrheit darüber erfuhr, wie schrecklich Krebs ist. Auch unsere Beziehung veränderte sich. Wir waren nicht länger ein Paar, das sich langsam kennenlernte, sondern Krankenschwester und Patient.

Ich weinte ziemlich viel. Ich betete ziemlich viel. Aber ich ging immer noch nicht wieder in die Kirche. Ich verließ mich darauf, dass Gott Patrick und mich da schon durchbringen würde, aber ich lobte ihn nicht. Ich flehte meinen himmlischen Vater bei jeder Gelegenheit an, aber ich vertraute nicht auf die Fülle seiner Macht und Gnade. Meine Schwester stellte mich deswegen schließlich zur Rede. Heather forderte mich auf, mich Gott wieder vollständig zuzuwenden und auch wieder regelmäßig zur Kirche zu gehen. Sie beharrte darauf, wie wichtig es sei, dass ich den Glauben an Gott auch ganz praktisch lebte. Ich würde diese harte Zeit nur überstehen, wenn ich mich voll auf Jesus verließ.

Wenn Patrick also nicht im Krankenhaus lag, begannen wir beide, regelmäßig in die Kirche zu gehen. Wir begannen, gemeinsam Gott zu loben, was unserer Beziehung eine ganze neue Dimension gab. Der Lobpreis erinnerte mich auch daran, dass kein Krebs für Gott zu groß ist. Nach drei langen Jahren mit Chemotherapie und Bestrahlung, nach viel zu vielen Krankenhausbesuchen ist Patrick jetzt seit sechs Jahren krebsfrei!

Nach unserer Heirat erinnerte Gott uns daran, wie groß er ist und wie sehr er es liebt, uns so glücklich zu sehen, nachdem er uns durch diesen Sturm hindurchgebracht hatte. Und er schenkte uns entgegen aller Wahrscheinlichkeit und trotz all der scheinbar unüberwindlichen medizinischen Hindernisse ein Kind. Wir tauften sie auf den Namen Grace (Gnade).

Alle eure Sorge werft auf ihn; denn er sorgt für euch. ...
Der Gott aller Gnade ... wird euch,
die ihr eine kleine Zeit leidet,
aufrichten, stärken, kräftigen, gründen.
1. Petrus 5,7.10 (LÜ)

Quält euch also nicht mit Gedanken an morgen;
der morgige Tag wird für sich selber sorgen.
Es genügt, dass jeder Tag seine eigene Last hat.
Matthäus 6,34 (GN)

Fällt es dir leichter, deine Probleme aufzuzählen, als davon zu berichten, dass Gott dir Kraft schenkt? Falls ja, gehst du (vielleicht unbewusst) davon aus, dass Gott in der Krise nicht präsent ist. Er ist aber da.

Gott war in der Krise

*Die Hungersnot war sehr drückend,
weil im ganzen Land kein Getreide mehr wuchs.
Nicht nur in Kanaan, sondern auch in Ägypten
waren die Menschen ausgezehrt vom Hunger.*
1. Mose 47,13 (GN)

Während Josef sich um die Versöhnung mit seinen Brüdern bemühte, musste er gleichzeitig das Volk durch eine Katastrophe führen. Seit zwei Jahren war kein Tropfen Regen mehr gefallen. Die Sonne brannte gnadenlos heiß von einem endlos blauen Himmel herab. Überall lagen Tierkadaver und es gab keinen Hoffnungsschimmer am Horizont. Das ganze Land war nur noch ein Haufen Staub. Kein Regen, kein Ackerbau. Kein Ackerbau, keine Nahrung. Als die Menschen den Pharao um Hilfe anflehten, sagte der: „Wendet euch an Josef und tut, was er euch sagt" (1. Mose 41,55; GN). Josef sah sich einer Katastrophe globalen Ausmaßes gegenüber.

Aber vergleichen Sie nur einmal die Beschreibung des Problems mit dem Ergebnis. Die Hungersnot dauerte Jahre und die Menschen sagten zu Josef: „Du hast uns das Leben gerettet ... wir sind gerne Diener des Pharaos" (1. Mose 47,25; Hfa). Das Volk blieb ruhig. Eine Gesellschaft, die reif war fürs Chaos, dankte ihrer Regierung; niemand versuchte, diese zu stürzen. Man fragt sich, ob Josef jemals einen Kurs für Krisenmanagement abgehalten hat. Wenn ja, dann hat er sicher auch gelehrt, was er zu seinen Brüdern gesagt hat: „Gott hat mich vor euch her nach Ägypten gesandt, um viele Menschen am Leben zu erhalten. Zwei Jahre herrscht nun schon Hungersnot, und es kommen noch fünf Jahre, in denen man die Felder nicht bestellen und keine Ernte einbringen kann. Deshalb hat Gott mich vorausgeschickt" (1. Mose 45,5–7; GN).

Josef eröffnet und schließt seine Einschätzung der Krise mit einem Blick auf Gott. Gott war vor der Krise da und Gott würde auch nach der Krise noch da sein. Gott war überall in der Krise gegenwärtig.

Und dann ging er auch mit einem Plan in die Krise hinein. In den guten Jahren hatte er Getreide sammeln lassen, das er nun in den schlechten Jahren wieder verteilte. Als die Menschen nichts mehr zu essen hatten, gab er es ihnen im Tausch für Geld, Vieh und Grundbesitz. Nachdem er die Wirtschaft stabilisiert hatte, erteilte er dem Volk eine Lektion im Umgang mit Geld. „Gebt ein Fünftel dem Pharao und nehmt den Rest als Saat und zum Essen" (frei nach 1. Mose 47,24).

Josef hat nie einen Toten auferweckt, aber er hat Menschen vor dem Tod bewahrt. Er hat nie einen Kranken geheilt, aber er hat verhindert, dass sich Krankheit ausbreitet. Er entwarf einen Plan und hielt sich daran. Und weil er das tat, überlebte ein ganzes Volk. Mit seinem ruhigen, methodischen Plan war er erfolgreich.

*Da wir von so vielen Zeugen umgeben sind,
die ein Leben durch den Glauben geführt haben,
wollen wir ... den Wettlauf bis zum Ende durchhalten,
für den wir bestimmt sind.*
Hebräer 12,1 (NL)

Hoch über uns sind ganz viele Zeugen. Es sind die Abrahams, Jakobs und Josefs aller Generationen und Nationen. Sie haben ihren eigenen Wettlauf vollendet und beobachten jetzt den Wettlauf ihrer geistlichen, wenn nicht sogar ihrer physischen Nachkommen. Hör genau hin, fordert uns dieser Vers auf, dann wirst du vernehmen, wie dich ganz viele Kinder Gottes anfeuern. „Lauf!", rufen sie. „Lauf! Du wirst es schaffen!"

Von der Trauer zur Hoffnung

Gott wird alle ihre Tränen abwischen.
Es wird keinen Tod mehr geben und keine Traurigkeit,
keine Klage und keine Quälerei mehr.
Was einmal war, ist für immer vorbei.
Offenbarung 21,4 (GN)

Als Allererstes wird Gott im Himmel jedem seiner Kinder übers Gesicht streichen, als wollte er sagen: „Ist schon gut … nicht mehr weinen." Unsere lange Reise geht zu Ende. Sie werden ihn sehen.

Und Sie werden sie sehen.

In unserem endgültigen Zuhause gibt es kein Lebewohl mehr. Das ist nicht länger vonnöten.

Lassen Sie sich durch diese Verheißung verändern. Dann wird aus zusammengesunken aufstrebend. Aus traurig hoffnungsvoll. Aus den Bewohnern des Lebewohl-Landes werden die Bewohner des Hallo-Himmels. Der Prinz hat den Termin für die Wiedervereinigung schon festgelegt.

Eine Familie findet wieder zusammen

Wie der Pharao es befohlen hatte, gab Josef ihnen Wagen und Reiseverpflegung mit. Und er schenkte jedem von ihnen ein neues Gewand – Benjamin aber schenkte er fünf neue Gewänder und 300 Schekel Silber. Seinem Vater schickte er zehn Esel, beladen mit den besten Erzeugnissen Ägyptens, sowie zehn Eselinnen, beladen mit Getreide und anderen Lebensmitteln für die Reise. So schickte er seine Brüder los. Als sie aufbrachen, ermahnte er sie: „Streitet euch nicht unterwegs!" Sie verließen Ägypten und kehrten ins Land Kanaan zu ihrem Vater Jakob zurück.

1. Mose 45,21–25 (NL)

Jakobs Jungs kehrten todschick gekleidet nach Kanaan zurück. Keine schäbige Kleidung und halb verhungerten Esel mehr. Sie fuhren nagelneue Pick-ups, die vollgeladen waren mit Geschenken. Sie trugen Lederjacken und Krokodillederstiefel. Ihre Frauen und Kinder sahen sie schon von Weitem am Horizont. „Sie sind zurück! Sie sind zurück!" Überall Umarmungen und Schulterklopfen.

Jakob kam aus seinem Zelt. Langes, silbergraues, wehendes Haar, das ihm bis auf die Schultern reichte. Gebeugte Schultern. Wettergegerbtes Gesicht. Er war vom Anblick seiner Söhne und all der Geschenke regelrecht geblendet und musste blinzeln. Er wollte schon fragen, wo sie alles gestohlen hatten, als einer von ihnen herausplatzte: „,Josef lebt! Denk doch, er ist Herr über ganz Ägypten!' Aber ihr Vater rührte sich nicht; er glaubte ihnen nicht" (1. Mose 45,26; GN).

Der alte Mann packte sich an die Brust. Er musste sich setzen. Die Traurigkeit hatte Jakob auch das letzte bisschen Freude geraubt. Aber als seine Söhne erzählten, was Josef ihnen gesagt hatte, dass er nach Jakob gefragt und sie nach Ägypten eingeladen hatte, kehrten Jakobs Lebensgeister zurück.

Seine Augen funkelten und seine Schultern strafften sich. „Und Israel sagte: Genug! Mein Sohn Josef lebt noch. Ich will hingehen und ihn sehen, bevor ich sterbe" (1. Mose 45,28; EÜ).

Damals war Jakob 130 Jahre alt. Nicht mehr ganz jung und knackig. Er war nicht mehr so gut zu Fuß, hatte Gliederschmerzen. Aber nichts würde ihn davon abhalten, seinen Sohn zu sehen. Er nahm seinen Stock in die Hand und befahl: „Aufladen! Wir ziehen nach Ägypten."

Der ganze Trupp von siebzig Mann machte sich auf die Reise.

Und was für eine Reise! Pyramiden. Paläste. Bewässerte Felder. Getreidesilos. So etwas hatten sie noch nie gesehen. Und dann kam der Augenblick, auf den alle gewartet hatten: In breiter Front kam ihnen am Horizont das königliche Aufgebot entgegen, mit Streitwagen, Pferden und der königlichen Garde.

Als der Hofstaat näher kam, lehnte Jakob sich vor, um den Mann auf dem Streitwagen in der Mitte besser erkennen zu können. Als er sein Gesicht erkannte, flüsterte Jakob: „Josef, mein Sohn."

In der Ferne lehnte auch Josef sich in seinem Wagen vor. Er befahl dem Wagenlenker, die Pferde anzutreiben. Als die beiden Gruppen in der Ebene aufeinandertrafen, zögerte der Prinz keine Sekunde. Er sprang vom Wagen und rannte zu seinem Vater. „Als Josef seinen Vater sah, fiel er ihm um den Hals und weinte lange" (Vers 29; NL).

Schluss mit den Formalitäten. Vergessen Sie das Protokoll. Josef vergrub sein Gesicht an der Schulter seines Vaters. Er „weinte lange". Als das Gewand seines Vaters tränenfeucht war, beschlossen beide, sich nie wieder Lebewohl zu sagen.

Lebewohl. Für manche ist dieses Wort die größte Herausforderung des Lebens. Diesen Berg zu bezwingen bedeutet, ungeheure Einsamkeit und kraftraubende Trauer zu ertragen. Allein im Ehebett. Ein stilles Haus. Man ertappt sich dabei, dass man seinen Namen ruft oder nach ihrer Hand greift. Es geht Ihnen so wie Jakob: Die Trennung hat Sie mürbe gemacht. Sie fühlen sich, als seien Sie in Quarantäne, isoliert. Für den Rest der Welt geht das Leben weiter, und Sie sehnen sich danach, dass es auch bei Ihnen weitergeht. Aber Sie schaffen es nicht; Sie schaffen es nicht, Lebewohl zu sagen.

Nur Mut. Gott hat schon einen Termin dafür festgesetzt. Jeder Abschied ist nur eine Frage der Zeit. Er läuft wie ein Sandkorn durch die Sanduhr. Wenn im himmlischen Thronsaal ein Kalender hängt, dann ist ein Tag darauf rot eingekreist und gelb markiert. Gott hat die Familienzusammenführung schon festgelegt:

Der Herr selbst wird vom Himmel herabkommen,
ein lauter Befehl wird ertönen, und auch
die Stimme eines Engelfürsten und der Schall
der Posaune Gottes werden zu hören sein.
Daraufhin werden zuerst die Menschen auferstehen,
die im Glauben an Christus gestorben sind.
Danach werden wir – die Gläubigen, die zu diesem
Zeitpunkt noch am Leben sind – mit ihnen zusammen
in den Wolken emporgehoben, dem Herrn entgegen,
und dann werden wir alle für immer bei ihm sein.
Tröstet euch gegenseitig mit dieser Gewissheit.
1. Thessalonicher 4,16–18 (NGÜ)

*O Herr, du Gott Israels,
du allein bist Gott über alle Königreiche der Welt.
Himmel und Erde hast du geschaffen.*
2. Könige 19,15 (Hfa)

*Wer im Himmel könnte mir helfen, wenn nicht du?
Was soll ich mir noch wünschen auf der Erde?
Ich habe doch dich!*
Psalm 73,25 (GN)

*Der Herr hat seinen Thron im Himmel errichtet,
er herrscht als König über alle Welt.*
Psalm 103,19 (GN)

*Eine gewaltige Stimme hörte ich vom Thron her rufen:
„Hier wird Gott mitten unter den Menschen sein!
Er wird bei ihnen wohnen,
und sie werden sein Volk sein. Ja, von nun an
wird Gott selbst in ihrer Mitte leben."*
Offenbarung 21,3 (Hfa)

Vertraue darauf, dass Gott alles in der Hand hat

Gott sieht Ihre Tränen

Vor einigen Tagen rannten anlässlich eines Spendenlaufs für die Brustkrebsforschung 20.000 Menschen durch die Straßen von San Antonio. Die meisten von uns taten das aus Nettigkeit. Wir waren froh, wenn wir fünf Kilometer schafften und so ein paar Dollar für den guten Zweck spenden konnten. Wir rannten aus unterschiedlichen Gründen: Ein paar rannten zur Erinnerung an einen geliebten Menschen; andere zu Ehren eines Krebsüberlebenden. Aber dann entdeckte ich plötzlich eine Läuferin, die mit größerer Leidenschaft rannte als alle anderen. Ein Kopftuch bedeckte ihren kahlen Kopf und dunkle Ringe umgaben ihre Augen. Sie hatte Krebs. Während wir anderen aus Gefälligkeit rannten, lief sie aus Überzeugung. Sie wusste, wie sich Krebskranke fühlen. Sie kannte das aus eigener Erfahrung.

Der Satz „Ich kenn das" ist auch das Motiv von Jesu Leben und Lehren. Jesus flüstert den Einsamen zu: „Ich kenn das." Den Entmutigten nickt Jesus zu und seufzt: „Ich kenn das."

Er hat all das Leid, all die Versuchungen durchgemacht (nachzulesen in Hebräer 2,18). Jesus war wütend genug, um den Tempel von den Geldmachern zu reinigen, hungrig genug, Getreide roh zu essen, verzweifelt genug, um in der Öffentlichkeit zu weinen.

Was immer Sie auch durchmachen, er weiß, wie Sie sich fühlen.[10]

Sie denken an die Herausforderungen von morgen, an die Rechnungen von nächster Woche, den leeren Kalender im nächsten Monat. Ihre Zukunft sieht so öde aus wie die Wüste Sinai. „Wie kann ich da meine Zukunft in Angriff nehmen?"

Gott weiß, was Sie brauchen und wo Sie sein werden. Vertrauen Sie ihm. Wenn Sie sich über die Probleme von morgen ärgern, raubt Ihnen das die Kraft, die Sie heute brauchen; es macht Sie kraftlos und schwach.[11]

Kann ich Ihnen ein paar Vorschläge machen, wie Sie diese schwierigen Tage überstehen können?

Treten Sie Ihren Ängsten mit Vertrauen entgegen

Tun Sie das, was mein Vater meinem Bruder und mir immer riet.

Jedes Jahr reiste die Familie Lucado in den Sommerferien von Westtexas in die Rocky Mountains. Mein Vater liebte es, in den Wildwasserflüssen Forellen zu fischen. Aber er wusste, dass die Stromschnellen gefährlich und seine Söhne oft unachtsam waren. Sobald wir angekommen waren, kundschafteten wir deshalb Stellen aus, an denen man den Fluss gefahrlos überqueren konnte. Er ging mit uns am Ufer entlang, bis wir im Wasser eine Reihe von großen Steinen fanden, die sicheren Halt boten. Er fügte dann noch ein oder zwei hinzu, weil wir als Kinder ja nur kleine Schritte machen konnten.

Wir beobachteten zunächst, wie er alle Steine überprüfte, und wir wussten: Wenn sie ihn hielten, dann würden sie auch uns halten. Sobald er auf der anderen Seite angelangt war, bedeutete er uns, ihm zu folgen.

„Habt keine Angst", hätte er dann auch sagen können. „Vertraut mir."

Fließt zwischen Ihnen und Jesus ein Strom der Angst?

Überqueren Sie den Fluss und gehen Sie zu ihm.

Vertrauen Sie darauf, dass er Ihnen den Weg bahnen kann. Vertrauen Sie darauf, dass Sie ihm am Herzen liegen.[12]

Lesen Sie die Geschichten der Bibel

Lesen Sie sie immer wieder. Lassen Sie sich daran erinnern, dass Sie nicht der erste Mensch sind, der weint. Und Sie sind auch nicht der Erste, dem geholfen wird.

Lesen Sie die Geschichten, und denken Sie daran, dass die Geschichte jener Menschen Ihre Geschichte ist!

Ist die Herausforderung zu groß? Lesen Sie die Geschichten. Da, sehen Sie, das sind Sie, der mit Mose durchs Rote Meer zieht.

Sind die Sorgen zu groß? Lesen Sie die Geschichten. Da, sehen Sie, das sind Sie, der zusammen mit den Israeliten Speise vom Himmel empfängt.

Sind Ihre Wunden zu groß? Lesen Sie die Geschichten. Sehen Sie Josef? Das sind Sie, und Sie vergeben Ihren Brüdern den Verrat an Ihnen.[13]

Rühren Sie im Gebetstopf

Stellen Sie sich vor, Sie sind mit etwas konfrontiert, dass bei Ihnen für Stress und Aufregung sorgt. Die Ärztin entscheidet, dass Sie unters Messer müssen. Sie hat eine Geschwulst entdeckt und meint, es sei das Beste, diese zu entfernen. Und mit dieser Diagnose finden Sie sich beim Verlassen der Arztpraxis wieder. Man hat Ihnen gerade diesen Becher voller Angst serviert. Was tun Sie nun damit? Erfahrungsgemäß können Sie die Angst in eines von zwei Gefäßen füllen.

Sie können die schlechten Nachrichten in den Bottich der Ängste und Sorgen kippen. Das Feuer anmachen. Den Inhalt schmoren lassen. Darin rühren. Eine Weile Trübsal blasen. Darüber eine Zeit lang grübeln. Es wird nicht lange dauern, bis Sie einen köstlichen Topf voller Pessimismus haben.

Wie wäre es mit dieser anderen Idee? Dem Gebetstopf. Geben Sie das Problem schon an Gott ab, bevor sich die Tür der Arztpraxis hinter Ihnen geschlossen hat. „Ich nehme an, was du für mich hast, Herr. Ich werde nichts erleben, das du nicht zugelassen hast."

Ihr Beitrag zu diesem Problem sind Gebet und Dankbarkeit.

Und Gottes Beitrag? Frieden. „Und Gottes Friede, der all unser Verstehen übersteigt, wird eure Herzen und Gedanken im Glauben an Jesus Christus bewahren" (Philipper 4,7).[14]

Schließlich möchte ich Sie ermutigen, daran zu denken, dass Ihr Leben in Gottes liebender Hand ist. Er wird sich um Sie kümmern. Warum ist es so wichtig, sich das immer wieder vor Augen zu führen? Weil das Bewusstsein, dass Gott trotz allem die Kontrolle hat, ein gutes Gegengewicht bildet zu dem Mysterium des Warum und Wie.

Wenn Gott Pläne für unser Leben schmiedet, dann sollen diese zu unserem Guten dienen. Auch wenn wir Rückschläge erleben und Fehler machen, kann alles noch zu unserem Besten dienen. Jedes Erlebnis kann uns Gott und seinen Plänen für uns näher bringen.

„… nach dem Vorsatz dessen, der alles nach dem Rat seines Willens wirkt" (Epheser 1,11; ELB). Alles bedeutet auch wirklich alles. Es gibt keine Ausnahmen.

Er wird Sie da hindurchtragen.

Herr, mein Gott!
Du hast so viel für uns getan; niemand ist wie du!
Deine Pläne, deine wunderbaren Taten –
wenn ich sie alle aufzählen wollte,
ich käme nie an ein Ende!
Psalm 40,6 (GN)

Glauben Sie, dass es kein Übel gibt, dem Gott nicht Einhalt gebieten kann? Dass er jedes Loch in etwas Gutes verwandeln kann, auch das „Loch", in dem Sie gerade sitzen?

Was wäre passiert, wenn Josef den Glauben an Gott aufgegeben hätte? Er hätte Gott auch den Rücken kehren können. Er hätte auf seinem steinigen Weg jederzeit sauer werden und sich abwenden können. „Es reicht. Es reicht wirklich. Ich mach nicht mehr mit."

Auch Sie könnten Ihren Glauben an Gott aufgeben. Der Friedhof der Hoffnungen ist überfüllt mit verbitterten Seelen, die sich mit einem kleinen Gott zufriedengegeben haben. Werden Sie nicht eine davon.

Julies Geschichte

Ich wuchs in einem idealen, aber nicht perfekten Zuhause auf. Alle in meiner Familie liebten Gott und dienten ihm, alle außer mir. Als ich sechzehn war, starb mein Vater unerwartet an einem Hirnaneurysma. Der Schmerz war riesengroß. Doch Gott ließ uns nicht im Stich. Er tröstete uns und half meiner Familie auf vielerlei Art. Dennoch hatte ich ihm noch nicht mein Leben anvertraut.

Ich wurde depressiv und diese Depressionen führten zu einer Essstörung. Mein Leben zerbrach, und es kam mir so vor, als sei die einzige Sache, die ich noch kontrollieren konnte, mein Gewicht. Ich entwickelte also eine Bulimie.

Ich dachte, ich hätte meine Essstörung unter Kontrolle, bis ich eines Tages aufwachte und realisierte, dass ich nicht aufhören konnte, mich zu übergeben. Ich war noch nicht einmal sicher, dass ich aufhören wollte. Ich wälzte nur noch düstere Gedanken und mochte mich selbst nicht mehr leiden.

Aber Gott war bei mir.

Mein himmlischer Vater rief in meine Dunkelheit hinein. Ich bekannte ihm und meiner Mutter meine Schuld. Sie wurde meine Rechenschafts- und meine Gebetspartnerin. Gott selbst zeigte mir: Wenn ich aus diesem Sumpf herauskommen wollte, musste ich zulassen, dass er mein Herz und meine Gedanken mit seiner Wahrheit reinigte. Ich hatte richtig Sehnsucht nach seinem Wort. Überall, wo ich hinging, trug ich Bibelverse auf kleinen Kärtchen bei mir. Wenn mir ein zerstörerischer Gedanke durch den Kopf ging, zog ich ein Kärtchen mit einer von Gottes Wahrheiten hervor und sprach sie laut aus. Auf diese Weise gelang es mir langsam, mich so zu sehen, wie auch Gott mich sah.

Durch Gottes Wirken in mir lernte ich, dass er sich unglaublich über mich freut. Dass er regelrecht tanzt vor Freude. Dass er Hals über Kopf in mich verliebt ist. Ich habe auch erfahren, dass Jesus mich an der Hand genommen und mich aus dem Abgrund gerettet hat. Gott gab mir so oft eine Chance, die ich gar nicht verdient hatte. Er ist immer treu und er ist immer voller Liebe und Mitgefühl.

Das Ganze ist jetzt zehn Jahre her. Ich habe mich nie so frei gefühlt wie mit ihm. Ihm gehört mein ganzes Herz.

*Ihr Menschen, vertraut ihm jederzeit,
und schüttet euer Herz bei ihm aus!
Gott ist unsere Zuflucht.*
Psalm 62,9 (Hfa)

Ich bin der Herr, euer Gott.
Ich lehre euch, was gut für euch ist,
und zeige euch den Weg, den ihr gehen sollt.
Jesaja 48,17 (Hfa)

Der Herr ist gut zu allen,
er erbarmt sich über alle seine Geschöpfe.
Psalm 145,9 (GN)

Jede Träne hast du gezählt,
ja, alle sind in deinem Buch festgehalten.
Psalm 56,9 (Hfa)

Fürchte dich nicht, ich habe dich befreit!
Ich habe dich bei deinem Namen gerufen,
du gehörst mir!
Jesaja 43,1 (GN)

Von allen Seiten umgibst du mich
und hältst deine schützende Hand über mir.
Psalm 139,5 (Hfa)

Herr, wer dich kennen lernt,
der wird dir gern vertrauen.
Wer sich auf dich verlässt,
der ist nie verlassen.
Psalm 9,11 (Hfa)

Ich habe keine einfache Antwort und keinen Zauberstab. Ich habe etwas – oder jemanden – viel Besseres gefunden. Gott selbst.

Der endgültige Sieg

Er öffne euch die Augen, damit ihr seht,
wozu ihr berufen seid, worauf ihr hoffen könnt
und welch unvorstellbar reiches Erbe auf alle wartet,
die zu Gott gehören. Ihr sollt erfahren,
mit welch unermesslich großer Kraft Gott in uns,
den Glaubenden, wirkt. Ist es doch dieselbe Kraft,
mit der er Christus von den Toten auferweckte
und ihm den Ehrenplatz an seiner rechten Seite gab!
Mit ihr hat Gott ihn zum Herrscher eingesetzt
über alle Mächte und Gewalten, über alle Kräfte
und Herrschaften dieser und der zukünftigen Welt.
Epheser 1,18–21 (Hfa)

Das Leben stellt die Existenz von uns allen einmal auf den Kopf. Keiner kommt ungeschoren davon. Nicht die Frau, die entdecken muss, dass ihr Mann eine Affäre hat. Nicht der Geschäftsmann, dessen Gelder von einem Geschäftspartner veruntreut werden. Nicht der Teenager, der feststellen muss, dass eine Liebesnacht mit einer Schwangerschaft endete. Und auch nicht der Pastor, dessen Glaube durch die Frage nach dem Sinn des Leidens und der Furcht erschüttert wird.

Es wäre dumm zu glauben, wir wären unantastbar.

Aber es wäre genauso dumm zu glauben, dass das Böse gewinnt.

In der Bibel ist der unablässige Paukenschlag des Glaubens zu vernehmen: Gott begegnet dem Bösen mit Gerechtigkeit. Vielleicht lesen Sie dieses Buch, weil Sie nach einer schnellen Lösung für Ihre Probleme suchen: „Wie Sie in fünf einfachen Schritten Hindernisse überwinden." Tut mir leid, da muss ich Sie enttäuschen. Ich habe weder eine einfache Antwort noch einen Zauberstab. Ich habe etwas – oder jemanden – viel Besseres gefunden. Gott selbst. Wenn Gott ins Zentrum unseres Lebens rückt, kann auch aus Bösem etwas Gutes werden.

Haben wir das nicht an der Geschichte von Josef gesehen? Er erlebte viele Rückschläge: von der Familie abgelehnt, verschleppt, versklavt und eingekerkert. Trotzdem ging er triumphierend und als Held seiner Generation aus den Ereignissen hervor. Zu den letzten Worten an seine Brüder, die in der Bibel festgehalten sind, gehört der Satz: „Ihr hattet Böses mit mir vor, aber Gott hat es zum Guten gewendet" (1. Mose 50,20; GN).

Dieses Muster wiederholt sich immer wieder in der Bibel: Böse. Gott. Gut.

Sehen Sie das Kreuz dort auf dem Hügel? Können Sie hören, wie die Soldaten Nägel hineinschlagen? Jesu Feinde grinsen hämisch. Satans Dämonen liegen auf der Lauer. Alles, was böse ist, reibt sich erfreut die Hände. „Diesmal", flüstert Satan, „werde ich gewinnen."

Einen traurigen Freitag und einen stillen Samstag lang scheint es auch so zu sein. Der letzte Atemzug. Der zerschundene Leib. Maria weint. Das Blut rinnt am Holz hinab in den Staub. Seine Nachfolger holen Gottes Sohn noch vor Sonnenuntergang herunter. Soldaten versiegeln das Grab und es wird Nacht auf der Erde.

Aber was Satan als größtes Übel geplant hat, gebraucht Gott, um den größten Segen zu schenken. Gott rollt den Stein weg. Am Sonntagmorgen tritt Jesus mit einem Lächeln auf dem Gesicht und beschwingtem Schritt heraus. Und wenn Sie ganz genau hinschauen, können Sie sehen, wie Satan mit eingezogenem Schwanz vom Friedhof huscht.

„Kann ich denn nie gewinnen?", faucht er.

Nein, kann er nicht.

Gott
wird dich
hindurch-
tragen.

Anmerkungen

1. Zodhiates, Spiros, Hrsg.: The Hebrew-Greek Key Word Study Bible: Key Insights into God's Word, New American Standard Bible, überarb. Aufl. AMG, Chattanooga, 2008. Zu 1. Mose 50,20 s. a. „Greek/Hebrew Definitions", Bible Tools, Strong's Exhaustive Bible Concordance Online, Nr. 2803, chashab, www.bibletools.org/index.cfm/fuseaction/Lexicon.show/ID/H2803/chashab.htm
2. „Die Ägypter haben nämlich einen Abscheu vor Schaf- und Ziegenhirten" (1. Mose 46,34; GN).
3. Rutledge, Howard und Phyllis, mit Mel und Lyla White: In the Presence of My Enemies – 1965–1973: A Prisoner of War. Fleming H. Revell, New York 1975, S. 33, 35.
4. Ebd., S. 39, 52.
5. „Neidbau", engl. „Spite House": http://www.nyc-architecture.com/GON/GON005.htm. Deutsch siehe: http://de.wikipedia.org/wiki/Neidbau
6. Reilly, Rick: „Matt Steven Can't See the Hoop. But He'll Still Take the Last Shot". Life of Reilly, ESPN.com, 11. März 2009. http://sports.espn.go.com/espnmag/story?id=3967807
S. a. Gil Spencer: „Blind Player Helps Team See the Value of Sportsmanship", in: Delaware County Daily Times. 25. Februar 2009. http://www.delcotimes.com/general-news/20090225/spencer-blind-player-helps-team-see-the-value-of-sportsmanship
7. „The Story of Keep Calm and Carry On". YouTube-Video von Temujin Doran. http://youtu.be/FrHkKXFRbCI. S. a. Keep Calm and Carry On: Good Advice for Hard Times. Andrews McMeel, Kansas City 2009, Einleitung.
8. Collins, Jim: „How to Manage Through Chaos". CNN Money, 30. September 2011. http://management.fortune.cnn.com/2011/09/30/jim-collins-great-by-choice-exclusive-excerpt
9. Ebd.
10. Lucado, Max: Der Retter von nebenan. Gerth Medien, Asslar 2005, S. 26.
11. Lucado, Max: Every Day Deserves a Chance. Thomas Nelson, Inc., Nashville 2007, S. 53–54.
12. Ebd., S. 88.
13. Lucado, Max: Er versetzt immer noch Berge. Gerth Medien, Asslar 2014, S. 96.
14. Lucado, Max: Come Thirsty. Thomas Nelson, Inc., Nashville 2004, S. 105.